Tu Imagen, Tu Éxito

Estrategias e Ideas para su Aplicación en el Espacio Público

Andrés Valdez Zepeda

"A los hombres se les valora no por lo que son,
sino por lo que parecen".

E. Litton.

I N D I C E

Presentación

1. Imagen Pública: Un acercamiento conceptual

2. Imagen Pública de la Política

3. La Imagen de los Diputados

4. El Imperio de la Imagen

5. El Poder de la Imagen:
El Método VAZA para su Construcción

6. Imagen en Campañas Electorales

7. Imagen de Gobierno

8. Imagen de Candidato y Partido en Campañas Electorales

9. La Imagen de la Mercadotecnia Política

10. El CV de la Imagen

11. La Imagen en el Cuento del Gato con Botas

12. La Metamorfosis de la Imagen: El Caso de Vicente Fox

13. Sartori, el Nuevo Iconoclasta de la Imagen

14. La Imagen en Proverbios, Frases y Dichos Populares

Bibliografía

Anexos

Presentación

La imagen es la percepción que los demás tienen de nosotros, formada a partir de las múltiples y, muchas veces, tensas relaciones que se establecen entre los individuos y los grupos o a través de la información que se les proporciona sobre un determinado sujeto, objeto o acto, sea ésta verdadera o no.

En este sentido, la imagen es una relación que está sujeta a diferentes mediaciones, las cuales la configuran y, muchas veces, la trascienden. Es decir, la imagen se construye a partir de la interacción social y a partir de la experiencia que se adquiere en este acto gregario, mismo que se condiciona por factores culturales e idiosincrásicos.

Los medios de comunicación, como mediadores por excelencia, juegan un papel muy importante en la construcción de percepciones sociales y en la construcción de imagen pública. De hecho, en la nueva sociedad de las telecomunicaciones y de desarrollo tecnológico, los medios electrónicos de comunicación se han convertido en los instrumentos más efectivos para construir, moldear o, incluso, arruinar la imagen de algún individuo, grupo o institución. Sin temor a equívocos, se puede afirmar que los medios de comunicación se han convertido en referentes estratégicos en el proceso de formación de imagen pública, aunque no son los únicos mediadores, ni su poder es omnipotente.

La familia, las amistades, las organizaciones sociales y políticas, así como todo el entramado institucional en la que se desarrolla el individuo (religión, escuela, trabajo, etc.) condicionan, de cierta manera, la formación de la imagen, de tal forma que el individuo es percibido de acuerdo al paradigma cultural y la visión que ha adaptado el receptor a través de los años. En este sentido, la heterogeneidad de paradigmas perceptivos prevaleciente en toda sociedad precondiciona la forma de ver y construir una imagen. No todos tenemos la misma percepción de un mismo objeto, sujeto o acto, sino que predominan diferentes lecturas (percepciones) y, por lo tanto, diversas imágenes.

La imagen es resultado, también, no sólo de las mediaciones, sino también de las acciones e, incluso, de las omisiones de los individuos, grupos o instituciones. Todo incide en la formación de imagen: los actos o la falta de los mismos. No sólo lo que decimos, sino la forma en la que lo decimos, ayuda a construir imagen. Las relaciones que cultivamos, así como nuestro carácter, personalidad, temperamento y actitudes coadyuvan en la construcción de una imagen pública, así como los cuidados personales, la vestimenta y los objetos o propiedades que poseemos también inciden en la edificación de la imagen.

En las sociedades modernas, con regímenes políticos democráticos sustentados en la pluralidad y la construcción de consensos sociales, la imagen se ha convertido en un factor real de poder. Quien sea más capaz y competente para gestionar su imagen pública será el que más poder tenga, sea este poder de persuasión o de gestión de los afectos de los demás. En este sentido, la imagen ayuda a construir una relación de poder y a influir en las ideas, los pensamientos, las acciones y las actitudes de los demás. Quien tenga una mala imagen tendrá menos poder y, al contrario, quien tenga una mejor imagen, tendrá mayor poder y podrá incidir, de mejor manera, en la construcción de consensos sociales. De hecho, la imagen se ha convertido en una piedra angular de las sociedades democráticas regidas por la libertad, la competencia y la pluralidad.

En el campo de la política, la imagen siempre ha sido un elemento estratégico que ha generado diversas ventajas competitivas. De ahí que los grandes políticos siempre se hayan preocupado por construirse una buena imagen y hayan buscado asesoría profesional para tratar de moldear favorablemente las percepciones de los demás.

El primer asesor en imagen al servicio de un político fue Hans Holbein, un alemán que se estableció en Londres en el siglo XVI y que dio humanidad y presencia a Enrique VIII, uno de los monarcas más crueles y sanguinarios de la historia, conocido como "el mocha cabezas." [1] En los retratos, la mala imagen del monarca se desdibujaba haciéndolo aparentar como un hombre bueno, convincente y talentoso, muy alejado de la realidad. Quienes veían su imagen reflejada en los nítidos retratos, no podrían creer que bajo esa cara bondadosa, se escondía el rostro de un terrorífico tirano. Es decir, en sus dibujos y retratos Holbein dibujó al Rey con demasiada generosidad, primando las relaciones públicas y la imagen sobre la cruel realidad. Holbein era un retratista y publirelacionista de la corte inglesa, que se convirtió en un cronista visual de la época.

Julio Cesar fue el primer gobernante que le dio importancia a la imagen pública, de tal forma que hizo imprimir su figura y rostro en las monedas romanas de circulación cotidiana. A partir de Julio Cesar, la imagen de los dioses que adornaban las monedas romanas fueron sustituidas por la de los gobernantes. Nicolás Maquiavelo y Napoleón Bonaparte también consideraban la importancia de la imagen en los asuntos públicos y de gobierno. El primero, asesorando a los príncipes para mejorar su imagen y, el segundo, haciéndose retratar como un general victorioso después de las batallas importantes.

Hoy día, la imagen se ha convertido no sólo en un factor real de poder, sino también de éxito para los individuos, los grupos y las instituciones. *Tu imagen, tu éxito* es un libro que da cuenta de la importancia de la imagen en el éxito, en sus diferentes manifestaciones. En él se encuentran catorce capítulos que desde distintas perspectivas de análisis, tratan de aquilatar la importancia de la imagen pública o de describir los problemas asociados a su construcción.

---

[1] Rafael Ramos, El primer Asesor de Imagen, en La Vanguardia de Barcelona, 7 de noviembre del 2006.

Imagen Pública: Un acercamiento conceptual

1. Introducción

En los últimos años, se han realizado una serie de trabajos e investigaciones que abordan el estudio de la imagen desde diferentes perspectivas. Por un lado, están los trabajos prescriptivos, tipo manual, que recomiendan una serie de acciones y sugerencias para tratar de mejorar la imagen de un individuo, un grupo u organización. Estos estudios se inscriben dentro de lo que se conoce como la pragmática de la imagen. Por otro lado, existen estudios del fenómeno de la imagen desde una perspectiva más analítica que se preocupa por el conocimiento más académico de la imagen como objeto de estudio. Estos estudios se inscriben dentro de lo que se conoce como las ciencias de la imagen.

Sobre los primeros estudios, sobresalen trabajos como los realizados por Gabriela Vargas, Víctor Gordoa y José Antonio Páez, entre otros, en los cuales se dan una serie de recomendaciones prácticas, ya sea para lograr visibilidad o para mejorar la imagen corporativa de la organización o de las personas. Por ejemplo, Víctor Gordoa señala que "para lograr la preferencia de los clientes, los inversionistas, los jefes, los colaboradores, los votantes o los fans, se requiere de un Plan Maestro de Imagen Pública que asegure que Usted será identificado como el mejor en su campo, ya sea como persona o como institución pública".

Respecto de los estudios más académicos, sobresalen los trabajos de Justo Villafañe, Norberto Mingués, Abraham A. Moles, Regis Debray y Jaques Aumont, quienes han enfocado su análisis de la imagen más desde una perspectiva teórica- metodológica, contribuyendo significativamente a la construcción de lo que podría denominarse una teoría general de la imagen.

Sin embargo, a pesar de estos estudios se vive una gran paradoja en esta materia. Por un lado, la imagen es omnipresente y, por el otro lado, tenemos pocos conocimientos de su esencia, su modelización y su estatus epistemológico. Es un hecho, que a pesar de la gran saturación mediática e icónica en la que nos vemos inmersos todos los días, la imagen es una gran desconocida. [2]

En este primer capítulo, en consecuencia, abordaremos el estudio de la imagen pública desde la perspectiva epistemológica, tratando de contribuir a su mejor entendimiento, dando respuesta a las siguientes interrogantes ¿Cuál es la conceptualización y las características de la imagen pública? ¿Puede ser la imagen objeto de investigación científica? ¿Qué se debe estudiar en la imagen?

---

[2] Moles (1999) señala, al respecto, que la reflexión de la imagen es reciente y se ha centrado hasta ahora casi exclusivamente en la imagen visual.

¿Cuál es su objeto de estudio? ¿Cuáles son las limitaciones metodológicas que nos enfrentamos en su estudio? ¿Es posible hablar de las ciencias de la imagen o de las teorías generales de la imagen?

2. Su concepto y características

La imagen es la percepción, representación, modelización e idealización de la realidad. Es la percepción que los individuos tienen de la realidad, de los hechos, fenómenos y procesos que se generan en su entorno. Es la representación mental de esa realidad en su complejidad y diversidad. Es la modelización que hace el sujeto de esa realidad basada en su cultura, su idiosincrasia, las mediaciones sociales y su experiencia. Es la idealización de la realidad abierta a múltiples y, muchas veces, encontradas visualizaciones.

La imagen es, además, un objeto cultural e histórico. Esto es, la imagen es percibida bajo ciertos hábitos perceptivos, costumbres, experiencias y tradiciones culturales formadas a través de los años. Los individuos actuales tienen una percepción diferente, más moderna de la vida, a los que vivieron en la edad media.

En el ámbito público, la imagen es la percepción y representación mental que una persona tiene de otra, la cual se contribuye a partir de la relación entre individuos en un momento y espacio determinado.

Percibir es apreciar las propiedades del hecho y su entorno, es, de algún modo, una escala de evaluación del mundo. La percepción de las imágenes se da a través de los sentidos.[3] En lo particular, bajo el predominio de la vista como un canal preferido o categórico del ser humano, ya que el 83 por ciento de las decisiones que tomamos las hacemos a través de lo que percibimos por la vista. De hecho, la percepción visual es una actividad compleja que, a decir verdad, no es posible separar de las grandes funciones psíquicas, la intelección, la cognición, la memoria y el deseo (Aumont, 1992).

La propia naturaleza humana y su propensión a la socialización hacen que la imagen sea ineludible. Es decir, el ser sujetos gregarios, vivir en sociedad y relacionarnos con nuestros semejantes, hace que seamos percibidos por los demás, quienes se forman mentalmente una representación de nosotros. En este sentido, toda imagen es pública, ya que nos desarrollamos en un ambiente social determinado y, por consiguiente, somos siempre percibidos (no sólo vistos) por alguien más.

La imagen es, además, relativa, ya que cada individuo que nos percibe tiene un bagaje cultural específico; nos ve de acuerdo con su experiencia, idiosincrasia,

---

[3] Algunos individuos pueden desarrollar lo que se denomina percepción extrasensorial, que como su nombre lo indica, va más allá de la percepción sensorial.

gustos, afinidades y paradigmas. Nadie puede verlos de la misma manera, ni responder a los estímulos comunicacionales de igual forma.

La imagen es polisémica, sujeta de múltiples interpretaciones y conceptualización. Cada individuo ve lo que quiere ver, cree lo que quiere creer y construye lo que quiere construir a partir de una misma realidad icónica. La imagen es, además, simbólica, ya que evoca símbolos, dando un valor y una connotación superior y mas profunda que a la de las imágenes mismas.

La imagen es dinámica, se construye a través del tiempo a partir de nuestros actos, palabras, actitudes, apariencias e, incluso, omisiones, pudiendo ser creada de acuerdo con nuestros intereses y decisiones. Esto implica la creación de una imagen acorde con nuestros objetivos y planes.

La imagen siempre es disímbola: presenta diferentes rasgos y características según el papel que juega cada individuo en la sociedad y la forma en que se desarrolla y es percibido en diferentes contextos sociales. Por lo tanto, nadie tiene una sola imagen, sino diversas, dependiendo de la actividad que desarrolla, ya sea como políticos, miembros de una familia, ciudadanos o profesionistas, por señalar algunos ejemplos. La mejor imagen se forma cuando hay consistencia y equilibrio entre lo que proyectamos en los diferentes roles que jugamos, pues de lo contrario se puede tener una buena imagen como padre de familia, pero una muy mala como gobernante.

La imagen, como fenómeno perceptivo, es una emoción, ya que genera sentimientos positivos o negativos. Es más contagiosa, más virulenta, más emotiva y más persuasiva que el escrito. La imagen da placer. La imagen está destinada a complacer a su espectador, a proporcionarle sensaciones específicas.

La imagen es económica porque acorta las demostraciones y abrevia las explicaciones. Es más rápido de captar, más emotiva y mejor de memorizar que un texto. Ver es abreviar. Una imagen vale más que mil palabras.

Debido a la prominencia que el ser humano le ha dado a la imagen y del papel que ésta juega en las sociedades modernas, se ha constituido en un factor real de poder, que genera valor y una serie de ventajas competitivas, que puede ser utilizado como instrumento de persuasión y cortejo, para construir consensos, visualización y legitimidad social. De hecho, la imagen es poder. Esta tiene efectos, puede modificar una conducta o movilizar una emoción.

3. Teoría general de la imagen

Existen diferentes enfoques teóricos y epistemológicos sobre la imagen. Los más comunes son el enfoque analítico y el enfoque sintético (Aumont, 1992). El primero consiste en partir de un análisis de la estimulación de los sentidos producida por alguna forma, objeto, proceso o hecho, intentando hacer corresponder los componentes así aislados con diversos aspectos de la experiencia perceptiva real. El sistema perceptivo engendra preceptos verídicos, conforme con la realidad del mundo circundante. Esta es una teoría empirista que se apoya en la hipótesis de la invarianza. Si percibo algo, es porque existe y algo lo genera.

El enfoque sintético, por su parte, infiere que el ser humano interpreta y moderniza lo percibido, tomando en cuenta el entorno, evaluando la realidad de acuerdo con variables históricas culturales que determinan la forma como el sujeto percibe. Cada quien percibe lo que quiere y lo acepta o lo rechaza de acuerdo a sus creencias y limitaciones.

A partir de estos grandes enfoques han surgido otros como el cognitivo y el pragmático. El enfoque pragmático se preocupa, centralmente, por todos los factores que influyen en la comprensión, la interpretación o, incluso, en la aceptación de la imagen. El enfoque cognitivo, por su parte, pone el acento en los procesos intelectuales que participan en la percepción de la imagen. Toda percepción es una construcción de la realidad. La percepción, es de hecho, un proceso de adquisición de conocimientos.

Hasta aquí, hemos conceptualizado y definido las características principales de la imagen, así como hemos descrito brevemente las principales teorías o enfoques que se han construido en torno a esta temática. A continuación, describiremos lo que es el objeto de estudio, lo que se considera las ciencias de la imagen.

4. Objeto de investigación

La imagen pública como objeto de estudio ha sido, relativamente, poco analizada. En su lugar, han predominado estudios, mas bien, descriptivos sobre la primacía de la imagen respecto de otros tipos de percepciones, así como sobre los canales rectores perceptivos del ser humano (visual, auditivo y cenestésico).

En esta materia, además ha imperado una tradición y una orientación metodológica que privilegia el estudio de las formas, los efectos y las consecuencias que las imágenes públicas generan, pero poco sobre su esencia.

El objeto de estudio de la imagen pública es la realidad iconográfica (el que emite la imagen), el sujeto que percibe la imagen (el receptor), los medios por el que se percibe (el dispositivo), la comunicación bidireccional, los "ruidos" u obstáculos que se presentan en el proceso de percepción, así como el contexto en el que se percibe la imagen.

La realidad iconográfica es la fuente emisora de la imagen pública, incluye la acción de individuos, grupos u organizaciones, así como su inacción, ya que toda imagen comunica (lo que se haga o se deje de hacer). Si existe en la realidad, incluso si no existe (está solo en la mente o en la imaginación de la gente), es sujeto de ser percibido.

El sujeto que percibe la imagen, el receptor de la misma, es objeto, también de investigación. Lo que percibe, la forma como lo percibe y la interpretación que le da a lo percibido. Esto incluye al espectador emocional y cognitivamente activo, que no se limita a percibir, sino que analiza, interpreta y descifra, de acuerdo a su cultura y experiencia, las imágenes que percibe. La capacidad de creer lo que perciben, la credibilidad de este sujeto, es también parte del objeto de estudio de la imagen pública (recuérdese el adagio popular que señala "ver para creer").

El objeto de estudio incluye el dispositivo por el que se percibe la imagen desde el ojo, la mirada, los medios de comunicación, así como el marco subjetivo y social, que se condiciona y media a través de la cultura y la idiosincrasia del que percibe, e incluso, hasta desde el sistema de expectativas que se generan en el receptor de la imagen.

El contexto en el que se percibe la imagen es, también, parte del objeto de estudio. De hecho, toda forma y acción es percibida en su entorno, ya que nada puede ser percibido en abstracto, sino mediado por nuestros conocimientos e imágenes que tenemos en torno a la misma realidad.

La percepción bi-direccional y los obstáculos que se presentan en toda relación social, como puede ser la sugestión, los estereotipos, la mimesis y el prejuicio de los participantes como sujetos perceptores son objeto, también, de investigación y análisis académico.

Finalmente, el objeto de estudio de la imagen pública como campo especializado del conocimiento, incluye, las características y acciones de los individuos, grupos u organizaciones, sus relaciones y comportamientos, ya que todo comunica y crea imágenes, incluso hasta nuestro silencio.

Hasta aquí, hemos apuntado y descrito brevemente el proceso de construcción de imagen y el objeto mismo de investigación de la imagen pública, por lo que podemos concluir parcialmente señalando que no es que exista una imprecisión del objeto de estudio científico de la imagen, sino que, más bien, ha existido una gran diversidad de estudios que se orientan hacia objetos muy distintos y disímbolos de la imagen.

5. Limitaciones metodológicas

La imagen representa un objeto de estudio complejo, además que el estudio de la imagen pública, como percepción, representación o modelación de la realidad, presenta una serie de limitaciones de carácter metodológico para ser consideradas como hechos científicos. Las principales limitaciones tienen que ver con la forma en que se perciben y la naturaleza misma de la percepción. Es decir, el ser humano no sólo percibe la realidad, sino que percibe otras cosas ajenas o diferentes, a la par de lo que se presenta en la realidad.

Por ejemplo, las imágenes mentales, la mimesis, la ilusión y el fetichismo de la imagen son fenómenos que minan la posibilidad de una mayor cientificidad de los estudios de las imágenes, ya que, los hechos han mostrado, que es posible crear y trasmitir imágenes sin que estas, necesariamente, correspondan a la realidad. Recuérdese que la imagen se forma con hechos e información verídica o no que le llega al individuo. Si alguien dice que una persona es mala, su reputación y percepción social tiende a ser negativa. Sin embargo, puede ser que esta información no sea verídica.

El diferente nivel de sensibilidad del ser humano para percibir un mismo fenómeno, plantea también serios cuestionamientos a la idea de cientificidad de la imagen, ya que, por ejemplo, una misma imagen puede ser sujeta de diferente interiorización e interpretación por dos o más individuos que la perciban. Una pintura puede ser considerada como una verdadera obra artística por un crítico de arte, pero puede ser valorada como un simple cuadro, por una ama de casa. Es decir, los individuos que miran las mismas cosas, no ven lo mismo. Cada quien ve y filtra las imágenes recibidas de acuerdo a su paradigma, cultura, experiencia e idiosincrasia, lo que hace muy relativo al propio objeto percibido.

Los mecanismos perceptivos del hombre son, además, limitados y están sometidos a múltiples incidencias, tanto internas como externas que disminuyen su eficacia. Esto es, la percepción que se tenga, por ejemplo, puede no corresponder a la realidad, pero el cerebro la registra como real.

Su hiper-diversidad, su interpretación variable a través del tiempo, su multiplicación aparentemente infinita, su intensa circulación, su carga ideológica, su influencia y capacidad persuasiva y proyectiva en los hombres hacen de la imagen un objeto de estudio relativamente difícil de teorizar y formular hipótesis que pueden ser concluyentes. Sin embargo, a pesar de estas limitaciones y dificultades propias de un campo complejo de conocimientos, si es posible la superación de estas restricciones desde la perspectiva del constructo de las ciencias sociales.

6. Comentarios adicionales

El mundo de la imagen pública se debate entre un gran dilema. Por un lado, tenemos a los críticos de la imagen, los nuevos iconófobos e iconoclastas, quienes no solo se han limitado a censurar las imágenes, cuestionando su calidad y moralidad, sino que constantemente nos advierten de los peligros y riesgos que su imperio puede ocasionar en el futuro de la raza humana. En este sentido, debe ser entendido el constructo de *homo videns* acuñado por Govanni Satori, quien señala que el hombre que ve está sustituyendo al hombre que piensa (*homo sapiens),* minando la capacidad de raciocinio y de abstracción propios de la sociedad del pensamiento.[4] Por su parte, existen también los teólogos de la

---

[4] Este tipo de cuestionamientos desconocen uno de los principios centrales de la naturaleza humana, ya que los hombres podemos pensar solo a través de imágenes. Es decir, no es posible separar las imágenes del acto

imagen, aquellos que consideran que la imagen ha constituido una nueva videosfera en la que nada es tan prominente, omnipresente y omnipotente más que la propia imagen.

Sin embargo, a pesar de que hoy día vivimos en una verdadera civilización en la que existe un predominio de la imagen, una auténtica iconosfera posmoderna, poco hemos profundizado en conocer la esencia y profundidad de la imagen, ya que existen pocos estudios sobre la imagen pública, por lo que es necesario profundizar sobre el tema y realizar investigaciones que nos permitan un mejor entendimiento de su esencia, su percepción, modelización e interpretación. Como dice Fulchigoni (1991), "pese a la vastedad de información que nos ofrece la bibliografía técnica, las investigaciones referidas a la definición psicológica de las imágenes perceptibles en la pantalla de videos son todavía limitadas."

Como todo hecho, la imagen pública puede ser sujeta de investigación científica, ayudando a explicar, de mejor manera, los fenómenos y procesos en los que participa. De esta forma, estaremos reforzando y ampliando los saberes teóricos de las ciencias de la imagen o creando nuevas teorías generales sobre la imagen. Por ello, es imprescindible el ampliar, diversificar y profundizar los estudios en esta materia tanto desde la perspectiva teórica como metodológica.

---

mismo de pensar.

Imagen de la Política

1. Introducción

La política está en crisis. Esta crisis se manifiesta en una desvalorización, desconfianza y gran incredulidad de la gente respecto de los actores y las instituciones políticas. Esto implica una pérdida de valoración de la gente sobre los políticos y las instituciones políticas, como los partidos y los parlamentos. Implica, además, una merma aguda de la confianza y credibilidad de la gente sobre los políticos y las instituciones políticas. De hecho, hoy día la política goza de los más mínimos niveles de credibilidad y confianza por parte de la ciudadanía. Para la mayoría de los latinoamericanos, la política es sinónimo de suciedad, corrupción, demagogia, mentira, engaño e ineficiencia.[5] De hecho, en el subcontinente la palabra política connota cierta negatividad.

Bajo el sistema democrático, el concepto de la población sobre la política no ha cambiado significativamente respecto de lo que ésta representaba bajo sistemas políticos totalitarios o autoritarios. La percepción social no ha cambiado, tampoco bajo distintos gobiernos de diferente impronta ideológica. Lo mismo pasa en Brasil bajo el gobierno de izquierda de Lula da Silva, que en México bajo el gobierno derechista de Felipe Calderón. Ciertamente, en estas democracias se reconoce la existencia de mayores libertades civiles y políticas, pero la percepción de la gente sobre la eficiencia, honradez y eficacia de los actores e instituciones políticas sigue siendo prácticamente la misma o, incluso, menor que bajo este tipo de sistemas políticos. De ahí, la gran decepción democrática que ha dado cuenta el Latinobarómetro (2009), en la medida que este sistema político no ha podido resolver muchos de los problemas que enfrentan hoy día los pueblos latinoamericanos, como el desempleo y la pobreza. En lo particular, dicho estudio muestra que "un 55 por ciento de los ciudadanos entrevistados en el subcontinente señaló que no le importaba que un gobierno no democrático arribe al poder, siempre y cuando resuelva los problemas económicos." Para el caso de México, el porcentaje de ciudadanos que aprueba esta declaración fue del 67 sólo por debajo de Honduras (69), Nicaragua (70) y Paraguay (75).[6]

Esta decepción ha generado un nuevo tipo de política, que aquí denominaremos la anti-política que no es más que un conjunto de actitudes, decisiones, acciones y señalamientos de quienes haciendo política, critican y descalifican a la política, a los actores e instituciones políticas. Las raíces de esta tendencia antipolítica los podemos encontrar en la tradición populista de la década de los cuarenta del siglo XX (Mantufar, 2004). De hecho, si algo es muy rentable y popular, políticamente hablando, hoy día en América latina es hablar en contra de la política. De esta

---

[5] Es muy común escuchar entre la gente comentarios como los siguientes relacionados con la política y su percepción negativa: la política es sucia, los políticos son todos iguales, yo de política no quiero ni oír hablar y todos transan.

[6] Véase informe Latinobarómetro 2008, en www.latinobarometro.org fecha de consulta, 29 de septiembre del 2008.

forma, vemos como los candidatos a los diferentes puestos de elección popular, de diferente signo e impronta ideológica y partidista, se reconocen como empresarios, profesionistas, campesinos o ciudadanos, pero pocos se reconocen como políticos. Se dice, por ejemplo, "yo soy un candidato ciudadano, un candidato que viene de la sociedad, yo no soy un político, y menos un político tradicional." Pero incluso, esto va más allá, ya que existe una gran tentación de quienes participan en política, no sólo de reconocerse como no políticos, sino de atacar, criticar, denigrar y agraviar a la política y a los políticos, principalmente a los diputados y dirigentes partidistas. Esta situación se da no sólo entre los candidatos a algún puesto de elección popular, sino, incluso, entre los propios estudiosos de la política. Por ejemplo, Raúl N. Álvarez, profesor de ciencia política en Argentina señala:

"Si la política es escuchar como se pelean (los políticos). Si la ciencia política tiene que estudiar como no funcionan esos partidos políticos que se han transformado en empresas de corrupción. Si hacer política equivale a jugar el truco con el hambre de la gente. Si lo que dicen los políticos es mentira, pero también miente el que denuncia a los políticos que mienten. Si no se puede creer en nada porque nos hemos creído todo, y así nos fue. Si la campaña electoral es un carnaval de falsas promesas. Si las elecciones son el clímax del engaño. Si el mandato de tu voto va a ser más tarde traficado por los dirigentes con el mafioso en turno. Si todo es mentira, entonces es verdad que la política es una mierda. Para la gente esa es la política. Así lo ve la sociedad…"

Por su parte, hoy día en México, circula en Internet un mensaje escrito por un ciudadano desesperado y arto de la política y de lo que está pasando en el país. A continuación, se presenta un extracto de su comunicado:

"Qué es lo que están pensando todos esos políticos cuando, se aprueban (ellos mismos) salarios que no se merecen; trafican impunemente con el poder que les dio el voto de la gente la cual sale perjudicada con ese trafique de influencias; reciben los apoyos que les damos por medio de nuestros impuestos y los utilizan de manera inadecuada; se aprueban bonos de "productividad", cuando no producen nada y en todo caso tienen un salario que les paga mas de lo que hacen; se juegan los dineros públicos en peleas de gallos, en los casinos de las vegas, en viajes improductivos; prometen eficientizar la administración de los recursos públicos y no han hecho nada; protestan cumplir y hacer cumplir la constitución y lo que hacen es violarla constantemente. **SI NO ESTÁN DISPUESTOS A TRABAJAR EN BENEFICIO DEL PUEBLO ¡¡¡VAYANSE A CHINGAR A SU MADRE EN DONDE QUIERA QUE ESTÉ!!!"**

Estos escritos reflejan una situación desesperante de la gente, pero a la vez de preocupación para los actores e instituciones políticas.[7] De ahí, la necesidad de

---

[7] Como lo señala Octavio Isaac Rojas Orduña, en las vísperas de la carrera presidencial rumbo al 2006, estamos presenciando, "unos caballos desbocados corriendo sobre el lodo. Lo que minusvaloran los políticos mexicanos es el aguante de la sociedad. Más de una vez, movimientos civiles han echado no sólo un partido

tratar de enfrentar este problema desde la perspectiva de las ideas y la reflexión académica.

Con base en este orden de ideas, el presente capítulo intentará responder las siguientes interrogantes. ¿Qué ha generado la crisis de imagen de la política? ¿Qué hacer ante la crisis de la política? ¿De qué manera se puede hacer política de forma exitosa en una época donde la mayoría de la población rechaza la política? Finalmente, ¿Qué nuevos constructos debemos erigir, repensar o resignificar para hacer viable la política en una era de sentimientos antipolíticos?

2. Imagen de la política

La política vive, más bien, una crisis de imagen. Esta crisis se refleja en el rechazo social casi generalizado y la critica permanente de la opinión pública hacia las instituciones y los actores políticos. La percepción que tiene un amplio sector de la población sobre la política no es en si buena, sino más bien negativa. Comúnmente, se asocia a la política con la corrupción, el autoritarismo, el abuso del poder, el engaño, las mentiras, la manipulación y el incumplimiento. Esta imagen negativa permea a los actores e instituciones políticas, de tal forma que todo el constructo de la política enfrenta una verdadera crisis de imagen.

De acuerdo a diferentes estudios sobre credibilidad, confianza e imagen de los políticos y las instituciones políticas como es el caso, por ejemplo, de la cámara de diputados y los partidos políticos, generalmente éstos son los que menos credibilidad y confianza le merecen a la sociedad. De hecho, como se muestra en el siguiente cuadro, los políticos, los partidos y los diputados son los individuos y las instituciones que menos confianza generan entre la población en muchos países del orbe, como es el caso de México.

CONFIANZA EN LAS INSTITUCIONES

del poder, sino a la clase política en su conjunto."

En Escala de calificación como en la escuela, donde 0 es nada y 10 es mucho, por favor dígame. ¿Qué tanto confía en…

INSTITUCIÓN	AGOSTO 2004	JULIO 2005	FEBRERO 2006	MAYO 2006	AGOSTO 2009
Las Universidades	ND	8.1	7.9	8.2	8.0
El Ejercito	7.0	7.7	7.7	7.8	7.9
La Iglesia	7.6	7.7	7.6	8.0	7.8
Estaciones de radio.	ND	ND	7.6	7.6	7.6
La CNDH	6.2	7.4	7.2	7.4	7.4
Medios de Comunicación	6.8	6.9	7.4	7.8	7.2
Cadenas de Televisión	ND	ND	7.3	7.6	7.2
Bancos	ND	ND	6.6	7.0	7.1
El TRIFE	ND	ND	ND	ND	7.1
Periódicos	ND	ND	7.1	7.6	7.0
El IFE	6.6	7.1	7.1	7.8	6.9
El presidente Fox	5.8	6.2	6.9	6.9	6.9
La suprema corte de Justicia	6.0	6.1	6.2	6.6	6.8
Empresarios	5.7	5.3	6.3	6.5	6.5
Senadores	5.2	5.0	5.7	6.1	6.3
La Policía	4.8	4.9	5.5	6.0	6.3
Partidos Políticos	4.9	5.1	5.9	6.2	6.2
Sindicatos	5.2	4.7	5.8	5.9	6.2
Diputados	4.6	4.5	5.6	5.8	6.1

Fuente: Consulta Mitofsky, 2009.

De esta forma, de acuerdo a la percepción social mayoritaria, un político es astuto, pero no honesto ni bondadoso. Es hábil para convencer, pero poco eficiente y responsable para cumplir sus compromisos. Quien se dedica a la política, aduce esta percepción, es poco competente, además que mediocre para hacerlo en otro espacio del desarrollo nacional, como en las empresas o en el campo educativo, por señalar algunos. Un político no trabaja, pero recibe un alto salario. Un político no respeta la ley, abusa de su cargo para enriquecerse y actúa sin escrúpulos.

Esta crisis de imagen no es nueva, ya que se ha presentado desde hace bastante tiempo, agravándose en los últimos años, bajo sistemas políticos de cuño democrático. Esto es, bajo sistemas autoritarios o totalitarios, la imagen de la política no era necesariamente buena, pero no se le podía juzgar abiertamente. Más bien, a los políticos se les temía, por lo tanto, la crítica hacía los actores e instituciones política era escasa, subrepticia o inexistente. Ahora, bajo regímenes democráticos, la crítica es mucho más abierta.

La imagen del político está en relación con la satisfacción o insatisfacción de las expectativas de la gente, de tal forma que se puede decir que "un buen político es aquel que promete poco y hace mucho, mientras que un mal político es aquel que promete mucho y hace poco." La imagen del político está también, en relación con la información que la gente recibe, principalmente por los medios de comunicación, sobre las acciones u omisiones de los políticos, así como por la percepción social sobre el uso de los recursos públicos, la conducta y el trabajo de los políticos.

La crisis de imagen afecta de manera diferenciada a los políticos. Por ejemplo, no es lo mismo la percepción que la gente tiene sobre el Presidente de la República que sobre la Cámara de Diputados. En general, los órganos de gobierno unipersonales gozan de mejor imagen que los plurales, donde las discusiones, los enfrentamientos verbales y los disensos se presentan con mayor frecuencia.

La crisis de la política tiene varias causas. Una de ellas es producto de la expectativa creada por la misma clase política o por algunos teóricos de la ciencia política. Por ejemplo, la democracia fue "vendida" como un paradigma político funcional, omnipotente para resolver los múltiples y complejos problemas de la sociedad. Sin embargo, los problemas sociales, como la pobreza, la inseguridad, el desempleo y la corrupción, no se han resuelto, sino, incluso, en algunos casos, se han agravado. De ahí que la percepción de la gente es que la clase política bajo sistemas democráticos no ha sido funcional y mucho menos responsable.

Ante los persistentes abusos, escándalos e irresponsabilidades de muchos políticos contemporáneos, esta crisis de imagen se ha agravado, de tal forma que, incluso algunos sectores añoran los gobiernos predemocráticos. Para tratar de salir de esta crisis de imagen, se recomienda un reencuentro entre política y ética, clamándose por una verdadera profesionalización y la instauración de un sistema meritocrático en la administración pública.

3. Causas de la crisis de imagen de la política

La crisis de imagen de la política se origina por varias causas. Estas pueden ser agrupadas en cuatro grandes grupos. Las primeras, son los factores conductuales y actitudinales de los políticos. Tienen que ver con su comportamiento y actitudes. Las segundas, son los factores de operatividad y eficiencia de los actores e instituciones políticas. Implican la capacidad de resolver creativamente los problemas que enfrentan las sociedades modernas. Las terceras son los factores de receptividad, valoración y percepción de los ciudadanos respecto del trabajo y función de los políticos y de las instituciones públicas. Finalmente, el último tiene que ver con la incapacidad de los actores e instituciones políticas de poder comunicar sus logros a los ciudadanos tratando de revertir la percepción negativa que existe. A continuación se explica cada uno de ellos.

Las actitudes y el comportamiento común de los políticos ha generado su desprestigio, ya que la mayoría de los políticos han tenido un comportamiento abusivo y egoísta, cometiendo arbitrariedades, escándalos y corruptelas, gozando de plena impunidad, cual patente de corzo, anteponiendo su interés personal o de grupo, por encima del interés general y han aprovechado su posición para obtener beneficios o lucros personales tanto de carácter político como económico. Ellos representan su interés personal o el interés del partido al que pertenecen, olvidando que son representantes sociales o servidores públicos que deben trabajar por el bien común. Contrario a lo que señaló Rousseau, el actual político, como ser humano, es un individuo codicioso y egoísta, que busca maximizar sus ganancias personales, más allá de su discurso benefactor.

Esto ha generado que muchos ciudadanos perciban a la política como negocio de unos pocos, originando una verdadera pérdida de credibilidad y confianza por parte de la gente, quienes no se sienten representados, en lo más mínimo, por los actuales políticos. Adicionalmente, muchos políticos han asumido actitudes beligerantes y hostiles entre sus pares y muchas veces contra la sociedad, entendiendo la política más como combate que entendimiento, impulsando la política de aniquilación.

Los políticos en campaña, además, son expertos demagogo-populistas, que ofrecen más de lo que pueden concretar, creando expectativas en la población que difícilmente pueden ser alcanzadas durante su gobierno. Se inclinan con claridad por la segunda parte de la frase de Rudolph Giuliani, quien señala que "un buen político es aquel que promete poco y hace mucho; un mal político es aquel que promete mucho y hace poco." Esto genera desconcierto, frustración e inconformidad por parte de los ciudadanos.

Los ciudadanos, por su parte, no perciben que exista una solución a los graves problemas que enfrentan las sociedades latinoamericanas como el desempleo, la pobreza, la inseguridad, el deterioro ambiental o la fármaco-dependencia, por señalar algunos. Al contrario, los ciudadanos observan que muchos de estos problemas se están agravando ante la incapacidad de los políticos e instituciones gubernamentales para poderlos atender y resolver. El ciudadano enfrenta y sufre estos problemas más allá de los discursos y buenas intenciones de los gobernantes. De igual forma, los ciudadanos conocen, a través de los medios de comunicación, de muchos casos donde predomina la ineficiencia, la deshonestidad y falta de operatividad de muchos burócratas que laboran en instituciones públicas y que obtienen buenos salarios, sin que se observen resultados benéficos para la sociedad (Valdez, 2004).

La percepción y valoración social es que los políticos no trabajan ni aportan nada bueno para el país. Al contrario, los ciudadanos creen que los políticos obstaculizan el desarrollo de las naciones y que sus acciones o decisiones deterioran el nivel de vida de la población. De ahí, el adagio popular que señala que "la política es muy importante para dejarla sólo en manos de los políticos."

Los ciudadanos son cada día más consciente del poder que poseen en toda sociedad democrática, por lo que se muestran más exigentes ante los políticos, reclamando no sólo promesas y buenas intenciones, sino resultados concretos y compromisos alcanzables. De esta forma, los ciudadanos exigen cumplimiento a las promesas, no más ofrecimientos demagógicos. Piden hechos, no palabras.

Los políticos no han tenido, además, la capacidad de poderse comunicar adecuadamente con la gente, ya que si bien, en muchos casos, se han alcanzado ciertos logros importantes, como pudiera ser la reducción de los índices de criminalidad en ciertas ciudades, la gente no cree en estadísticas oficiales, por lo que supone que los gobernantes maquillan los informes con el fin de presentarlos como avances, cuando en realidad existen retrocesos. Como dice, Maqueo (2004), vivimos en una sociedad cada vez más saturada de información que dice poco… los mensajes se han vaciado de contenido y se han vuelto un reciclado de formas. El signo se ha convertido en garabato." De ahí la necesidad de impulsar una mejor comunicación, más creativa e inteligente, que permita hacer compatible los resultados de la gestión pública con la percepción social.

En este mismo orden de ideas, es importante señalar que la mayoría de la gente no entiende el lenguaje de los políticos, ya que estos se han esforzado por pronunciar discursos complejos, abstractos, extensos y cantinflescos, privilegiando el texto sobre la imagen, la alocución sobre la concreción y la complejidad sobre la sencillez. Todo esto ha generado una verdadera crisis de la política.

Finalmente, la crisis de la política se debe, también, a la crisis de las ideologías y el advenimiento del pragmatismo como forma cotidiana de hacer política, donde predomina la falta de referentes teóricos e ideológicos, así como un debilitamiento de las identidades colectivas.

4. Plan de intervención

Para poder salvar o rescatar a la política, se tienen que hacer cambios profundos en y desde la política, así como dentro y fuera de la política. Los cambios no sólo deben transformar radicalmente el comportamiento y las actitudes de los actores políticos, sino las mismas bases sobre las que se ha desarrollado y entendido tradicionalmente la política.

Los cambios en la política deben incluir no sólo el encuentro entre la ética y la política, sino además, la eficiencia, calidad y calidez de los actores políticos y la pertinencia de las políticas públicas, ya que lo que la gente quiere son resultados, logros concretos que los beneficie, así como un gobierno transparente y cercano a la gente.

Los cambios desde la política deben incluir una transformación substancial en las instituciones políticas, apartándose de sus paradigmas tradicionales de organización y funcionamiento, reinventándose y re-haciéndose para lograr una mayor eficiencia en sus procesos y servicios, rigiéndose bajo un nuevo principio que dé centralidad al ciudadano, y no al funcionario, como eje rector que justifica la propia existencia de las instituciones.

Los cambios dentro de la política requieren modificar las formas como tradicionalmente se ha hecho, procesado y entendido la política por parte de los actores políticos, pasando de la política de la confrontación y el aniquilamiento, la de amigo-enemigo como diría Carl Schmitt hacia la política de la cooperación, el acuerdo y el entendimiento, sin dejar de valorar el debate, el disenso y la deliberación como requerimientos sustanciales de la nueva política.

Los cambios fuera de la política implican una forma, también, diferente de entender y procesar la política por parte de los ciudadanos, una forma diferente de relacionarse con los actores y las instituciones políticas, ya no sobre la base de una relación corporativa y clientelista, sino con fundamento en una relación civilizada y democrática, donde el ciudadano se percibe no sólo como el principal beneficiario de las acciones e intereses de la política, sino además, como la fuente que legitima y da razón de ser al poder de los políticos.

Los cambios para la política reclama una valoración diferente de lo que es la política, así como sus alcances y limitaciones, ya que la política no necesariamente puede resolver la totalidad de los problemas que se presentan, ni puede presentarse como la panacea ante los innumerables casos y dificultades que implican la compleja convivencia y conducta del ser humano.

5. La Alterpolítica

Para poder superar los problemas de política, se requiere construir un nuevo paradigma de la política, que aquí denominaremos la alterpolítica, que no significa más que la política alternativa, una forma diferente, novedosa y moderna de hacer política.[8] Para que esta alterpolítica, sea exitosa en una época de crisis de la política, se requiere ingenio, creatividad, inteligencia y valentía. Ingenio para repensar caminos alternos para hacer política, sin caer en lo grotesco y lo risible. Creatividad para rehacer y desandar inteligentemente los caminos y prácticas tradicionales, construyendo y reconstruyendo, dando nuevos significados y generando nuevos paradigmas de la política. Inteligencia para resolver creativamente los problemas y desafíos contemporáneos que se le presentan a la nueva política, así como para atender los reclamos y requerimientos sociales. Finalmente, valentía para iniciar y conducir por el camino correcto la nueva política y para vencer las resistencias al cambio, que siempre se presentan.

La alterpolítica se hace con y por medios alternativos, como lo son el uso de las nuevas tecnologías de la información para percudir, seducir y movilizar las emociones y sentimientos de la gente (tecno-política). La alterpolítica para ser exitosa reclama, además, pensar la política desde la perspectiva del afecto y el resultado. Es decir, tomando en cuenta, por un lado, el carisma, la amistad, la simpatía, las relaciones humanas, el caer bien y agradar y, por el otro, los resultados de la gestión de gobierno, que necesariamente debe traducirse en un mejoramiento de la calidad de vida de la población.

La alterpolítica requiere, además, superar el viejo distanciamiento entre la sociedad civil y la sociedad política, impulsando que la primera se involucre más en la política y que la segunda se "ciudadanice" más. Hay que ciudadanizar la política y politizar a la ciudadanía. Es decir, los políticos deben "ciudadanizarse," hacerse pueblo, conviviendo con la gente, sus problemas y sentimientos, dejando atrás la inaccesibilidad y la soberbia del poder, mientras que los ciudadanos deben politizarse, interesándose e involucrándose más en la política. Esto implica, el dejar atrás la etapa de la sociedad despolitizada o antipolitizada, para dar lugar a una nueva sociedad mucho más participativa, deliberativa y crítica. Esto es, se requiere una responsabilidad y un compromiso de doble vía tanto por parte del político, como del ciudadano.

La alterpolítica requiere revertir la anemia política que existe en muchos ciudadanos apáticos, conformistas e irresponsables, que exigen mucho, pero no dan nada a cambio, que critican a los políticos pero no son capaces de organizarse y participar. Implica, además, enterrar el lumperazgo político alimentado por la intriga, la corrupción y la mediocridad. Lo que se requiere es rendir tributo a la sabiduría, no a la ignorancia.

---

[8] Un concepto muy similar al de alterpolítica, que nos puede ayudar a rescatar la política de la etapa de desprestigio y falta de credibilidad en la que se encuentra es el de "cero política." De acuerdo a Raúl N. Álvarez, "cero política" quiere decir apartarse de los conceptos tradicionales de política, alejarnos del concepto formal de Estado y del gobierno, repudiar la preceptiva de los pensadores de la democracia formal, "despensar" la institucionalidad de los partidos políticos, controvertir el sentido común de la opinión pública, en definitiva, desandar los conceptos de la ciencia política tradicional.

La alterpolítica reclama, además, una urgente despolitización de la política, quitándole lo negativo, nefasto y falso para dar lugar a una política más responsable, transparente y limpia, buscando formas civilizadas y modernas de entendimiento y relación entre los integrantes de la clase política, así como entre el Estado y la sociedad. Es decir, pasar de la etapa de la politiquería, la suciedad y el escándalo a una nueva etapa de reconstrucción y resignificación de la propia política, aquí llamamos la neopolítica. La alterpolítica implica, también, sustanciar la política, democratizando, por ejemplo, la propia democracia, impulsando una mayor participación social y un ejercicio responsable del gobierno, sustanciando el discurso político y redefiniendo las tareas y acciones de los actores y las instituciones políticas.

La alterpolítica es muy útil como constructo para explicar la nueva etapa de la política. Implica políticas alternativas, nuevas y diferentes. Implican, por ejemplo, la construcción de una ciencia política alternativa, una sociología política nueva, políticas públicas alternativas, nuevos gobiernos alternativos, actores e instituciones alternativas, una constitución alternativa, un proyecto alternativo de país, etc. Esto es, una forma distinta, diferente, novedosa de hacer, entender y procesar la política.

6. Comentarios finales

La política sufre una grave crisis de credibilidad, confianza y valoración social. De acuerdo a la perspectiva ciudadana, la política es una tragedia de la que la gente no percibe beneficios, sino, al contrario, aprecia sólo daños y perjuicios. Está crisis de la política no es un fenómeno exclusivo de América latina. A lo largo y ancho del globo, se presenta en diferente magnitud y proporción.

Para hacer frente a esta crisis, surge la alterpolítica como una real alternativa con el objetivo de rescatarla y salvarla del desastre, dotándole de una verdadera dimensión ética y estética. Esta neopolítica implica una nueva forma de entender, procesar y hacer política sustentada en valores, principios e ideas socialmente aceptadas y valoradas.

La alterpolítica representa una especie de instrumento al servicio no solo de la clase política, sino, fundamentalmente de la sociedad, para poder hacer posible lo deseable y real, lo imaginario. La alterpolítica es también, de cierta manera, una filosofía que invita a repensar, rediseñar, reactuar y redefinir de manera creativa e inteligente las ideas, las prácticas, los valores y las actitudes de los actores políticos y el quehacer de las instituciones políticas. Implica una reinvención de lo político, las relaciones e instituciones políticas. No parte de la nada ni reniega del pasado, sino que rescata lo mejor, para construir un nuevo futuro.

La alterpolítica está orientada a reconstruir el capital social que requiere toda democracia, que se traduzca en una mayor confianza, credibilidad y respeto de los ciudadanos en las instituciones políticas y sus representantes, así como de éstas hacia los ciudadanos, creando una mayor solidaridad entre personas y grupos sociales, fomentando una mayor participación ciudadana en los asuntos públicos de interés público y sobre todo, una mayor responsabilidad de la clase política hacia sus representados. La alterpolítica apuesta más por el cambio en la política desde la sociedad que por el cambio en la política desde los políticos. Estos casi nunca han podido cambiar las cosas, sólo la sociedad lo ha hecho posible.

La alterpolítica busca terminar con la degeneración de la política, el maniqueísmo ruin, las corruptelas, los escándalos, abusos y arbitrariedades de los políticos. Una empresa difícil, mas no imposible. De cierta manera es una política contra la antipolítica, orientada a ordenar responsablemente el funcionamiento estable de las sociedades. Es una estrategia de renovación que busca recuperar los recursos simbólicos fundamentales de las figuras y las instituciones públicas de una sociedad democrática como lo son la reputación, la confianza y la credibilidad. Sin ellas, la política, los actores y las instituciones políticas no tienen futuro.

La Imagen de los Diputados

1. Introducción

Los legisladores, en calidad de representantes populares, atraviesan, también como la política, por una verdadera crisis de imagen, producto de circunstancias históricas y coyunturales, que podríamos conceptualizar como de inercia y circunstancia. Por un lado, debido al acendrado presidencialismo que prevaleció en México durante varias décadas, el Congreso estuvo supeditado al Poder Ejecutivo, quien se convirtió, de hecho, en el gran legislador (Hurtado, 2001, Sánchez, 1991). Durante estos años, los legisladores eran considerados como representantes de intereses políticos, más que de intereses sociales, orientando sus acciones a satisfacer los requerimientos dictados desde la misma Presidencia de la República, en el caso federal y, por los gobernadores, en turno en el caso de los estados de la federación. De esta forma, la imagen del poder legislativo se asoció inercialmente a la supeditación y disfuncionalidad.

Por otro lado, la imagen del Congreso fue construida desde la lógica e intereses de los medios de comunicación comerciales, quienes en la búsqueda de un mayor *raiting,* lo ridiculizaron como un espacio propio de conflicto, ineficiencia e irresponsabilidad legislativa,[9] ante la incapacidad, a pesar de los intentos del propio Congreso de poder comunicar eficientemente sus logros y productos. De hecho, hoy día muchos medios de comunicación siguen privilegiando la nota roja, el escándalo y el conflicto de los legisladores por encima de los debates parlamentarios, las iniciativas de ley y las acciones de fiscalización y aprobación de los presupuestos públicos que realiza el Poder Legislativo.

Esta lógica mediática ha incidido significativamente en la crisis de imagen y credibilidad de la institución parlamentaria y de los propios legisladores. Sin embargo, los medios de comunicación no son sólo los responsables de la mala imagen de los legisladores, ya que también los propios partidos políticos los postulan y los mismos parlamentarios tienen gran responsabilidad en la mala imagen que se ha construido en torno al Poder Legislativo.

En el presente capitulo, se analiza esta crisis de imagen del Poder Legislativo en México en su dimensión nacional y local, se hace un diagnóstico de la percepción que la ciudadanía tiene de los legisladores en torno a las variables confianza, credibilidad ciudadana y niveles de percepción sobre la de corrupción. Se discute, además, acerca de las causas que han originado esta situación a la luz de la propia crisis de la teoría de la representación política y finalmente, se enumeran una serie de recomendaciones tendientes a reconstruir la imagen de la institución parlamentaria y de los legisladores.

---

[9] Javier Esteinou Madrid, Revista Razón y Palabra, No. 34, agosto- septiembre del 2003.

2. La percepción ciudadana

La percepción que los ciudadanos se han formado sobre la institución parlamentaria y los legisladores, es negativa, ya que generalmente, se le asocia, al igual que a la política, con la deshonestidad, el abuso, la ineficiencia, el conflicto, la corrupción, la demagogia, la irresponsabilidad y/o el populismo. Esta percepción genera, en la mayoría de la población, un desencanto y desconfianza no sólo hacia el Poder Legislativo y los legisladores, sino incluso hacia toda la clase y las propias instituciones políticas, llámense gobiernos federales o locales, partidos políticos, sindicatos o, en general, líderes políticos. De hecho, la política es la actividad más desprestigiada no sólo en México, sino también en América Latina, siendo, además, el parlamento y los diputados los actores políticos más desprestigiados, los que generan mayor desconfianza y los que son sujetos de muy baja credibilidad social. Esta perdida de confianza es una megatendencia de dimensiones internacionales, pero con una mayor incidencia en los países con democracias emergentes. [10]

El siguiente cuadro muestra el nivel de confianza de los ciudadanos de diferentes países en las instituciones, principalmente, políticas, para principios de la década de los noventa del siglo XX, misma que refleja ya una creciente perdida de confianza ciudadana. En lo particular, para el caso mexicano, las instituciones que menos confianza generaban para esos años eran la policía, los partidos políticos y el sistema judicial, como se muestra en el siguiente cuadro.

---

[10] Un estudio sobre la democracia en América latina elaborado por el Programa para el Desarrollo de las Naciones Unidas muestra que los congresos (Poderes Legislativos) se encuentran entre las instituciones más desprestigiadas de toda la región, en gran medida, por que representan más a las élites políticas que al pueblo. www.democracia.undp.org.

Fuente: Centro de Estudios Sociales y de Opinión Pública, Octubre del 2003, con datos de Global barómetro.

Confianza en Instituciones

	Parlamento	Policía	Presidente	Partidos Políticos	Cortes	Ejército	Televisión	Periódicos	Iglesias
Alemania**	50				65	39		34	39
Argentina	33	16	23	28	21	34	—	—	
Brasil	27	32	35	18	44	59	—	—	—
Chile	52	52	61	34	42	48	—	—	—
Corea	10	48	—	15	51	59	64	—	—
Costa Rica	34	35	33	26	43	—	—		
Eslovenia	10	30	44	8	26	30	31	28	19
España**	37	39			46			48	47
Francia**	32				57	56		38	50
Estados Unidos**	45				57	47		56	67
Honduras	54	53	56	40	53	56	—	—	—
Inglaterra**	44				52	81		15	45
Japón	13	49	—	10	61	48	52	—	—
México	34	26	35	31	27	44	—		
Namibia	—	68	73	—	64	66	—	—	—
Perú	26	28	33	21	18	37	—	—	—
Polonia	20	36	65	9	25	60	44	34	46
República Checa	20	40	37	22	34	39	41	37	24
Rumania	13	24	42	9	19	62	47	26	83
Rusia	7	13	50	7	23	34	29	25	39
Sudáfrica	—	36	40	—	43	44	—	—	—
Tailandia	55	56	—	47	58	76	76	—	—
Tanzania	—	61	89	—	72	94	—	—	—
Uruguay	44	47	52	45	55	42	—	—	—
Venezuela	30	27	35	21	37	63	—	—	

* Porcentaje de personas que expresan opiniones positivas
**Datos de la Encuesta Mundial de Valores, 1990-1991

Para mediados de la década de los noventas (1996) el nivel de confianza en las instituciones en América Latina había disminuido y para el año 2010 había alcanzado ya niveles verdaderamente preocupantes, principalmente para el caso del Congreso y los partidos políticos, como se muestra en el siguiente cuadro.

Confianza en las instituciones América Latina, 1996 y 2010.

Institución	1996	2010
Policía	30	29
Poder Judicial	26	24
Gobierno	33	20
Congreso	27	17
Partidos Políticos	20	11

Fuente. Latinobarómetro, 2010. Nota: porcentaje de entrevistados que dijo confiar algo o mucho.

Este mismo fenómeno de pérdida de confianza en la institución parlamentaria se presentó, de manera un tanto similar, en países con democracias emergentes de Europa del este, sudeste de Asia y América latina. El siguiente cuadro muestra el bajo nivel de confianza en el Poder Legislativo en las tres regiones geográficas señaladas.

Confianza en el Parlamento: Europa del Este, América Latina y Sudeste de Asia		
	Confianza	Desconfianza (mucha +nada)
Europa del Este	15	67
América Latina	10	60
Sudeste de Asia	12	60
Fuente: Globalbarómetro, 2001. Para Europa del Este, datos New Europe Barometer, New Russia Barometer, New Democracias Barometer. Todos los datos corresponden a 2001, excepto los de Bielorrusia, Mondova y Ucrania, que corresponden a 2000.		

Para el caso de México, el nivel de confianza de la ciudadanía en el Poder Legislativo a inicios del siglo XXI era también preocupante, ya que una de las instituciones que más desconfianza generaban era el Congreso, junto con la policía y los partidos políticos, como se muestra en el siguiente cuadro.

¿Qué tanta confianza tiene usted en las siguientes instituciones?

	Mucho / algo de confianza	Nada de confianza	Desconfianza
Noticieros de radio	76	15	6
Ejército	74	15	18
Noticieros de televisión	73	17	9
A las encuestas	72	14	8
Periódicos	72	17	8
IFE	65	19	19
Comisión de Derechos Humanos	62	21	10
Tribunal Federal Electoral	61	22	11
Organizaciones de Agricultores	56	20	11
Organizaciones Ecologistas	54	22	12
Banco de México	54	20	11
Organizaciones de Campesinos	53	24	11
Bancos Nacionales	52	24	12
Ministerio Público	45	32	17
Procuraduría	44	32	18
Organizaciones de Empresarios	43	27	16
Bolsa de Valores	43	25	12
Policía	43	33	22
Suprema Corte de Justicia	42	31	19
Sindicatos	38	31	21
Cámara de Senadores	37	36	21
Partidos Políticos	37	38	21
Cámara de Diputados	**36**	**37**	**21**
Bancos Extranjeros	36	29	17

Fuente: María de las Heras, "Si de confianza se trata, el ejército y los medios de comunicación adelante", en Milenio, 4 de julio de 2002.

Asociado a la desconfianza, se encuentra el índice de credibilidad de la ciudadanía en la política y las instituciones, siendo, una vez más, el Poder Legislativo, junto a la policía y los partidos políticos, los que menor niveles de credibilidad tenían para inicios de esta década, como se muestra en el cuadro siguiente.

Índice de Credibilidad en la Política

Institución	Total	%
Iglesias	319.22	8.06
Maestros	302.5	7.64
Hospitales	274.51	6.96
Instituto Federal Electoral	262.43	6.63
Comisión Nacional de Derechos Humanos	259.73	6.56
Medios de Comunicación	253.74	6.41
El Gobernador (o Jefe de Gobierno)	238.46	6.02
Presidente de la República	238.4	6.02
Grandes Empresas	220.29	5.56
El Presidente Municipal (El Delegado)	219.44	5.54
Agrupaciones Ciudadanas	197.72	4.99
Suprema Corte de Justicia	190.4	4.81
Secretarías de Estado	186.81	4.72
Organizaciones no gubernamentales	177.76	4.49
Sindicatos	163.75	4.13
Cámaras de Diputados y Senadores	162.16	4.09
Partidos Políticos	151.13	3.81
Policía	138.94	3.51

Fuente: Noemí Luján, ponencia presentada en el "Coloquio para el análisis de encuestas nacionales sobre cultura política y prácticas ciudadanas" por el IFE y la Dirección Ejecutiva de Capacitación Electoral y Educación Cívica en Agosto de 2002.

El desencanto con las democracias emergentes ha generado, además, un mayor desinterés de los ciudadanos en la política en los últimos años, ya que, por ejemplo, en agosto del 2001 un 14.3 por ciento de la población mexicana señaló estar muy interesado en la política, pero para febrero del 2009, este porcentaje se redujo a 12 por ciento. Por el contrario, el porcentaje de la población que señaló no estar interesado en nada en la política para agosto del 2001 fue de 16 por ciento, incrementándose a 22 por ciento para febrero del 2000, como se muestra a continuación.

¿Diría usted que es una persona que se interesa mucho, se interesa poco o que no se interesa por la política?

	Mucho	Regular	Poco	Nada	NS/NC	TOTAL
Agosto 2001	14.3	26.1	42.5	16.0	1.1	100.0
Noviembre 2001	11.4	21.6	43.9	22.0	1.1	100.0
Febrero 2002	9.4	19.9	51.5	18.7	0.5	100.0
Mayo 2002	11.6	19.4	47.6	20.1	1.3	100.0
Agosto 2002	10.9	16.0	47.9	24.5	0.7	100.0
Noviembre 2002	9.8	22.2	42.9	23.3	1.8	100.0
Febrero 2003	**12.0**	**27.0**	**38.3**	**22.0**	**0.7**	**100.0**

Fuente: Consulta Mitofsky, febrero 2009.

3. Imagen de los diputados Federales

Los diputados federales son unos de los grandes desconocidos de la política mexicana, ya que la mayoría de la población no conoce a su diputado y tampoco conoce la función que los legisladores desempeñan. Al respecto, en una investigación cuantitativa realizada en el 2008, el 97 por ciento de los entrevistados señaló que no conocía el nombre de su diputado, mientras que sólo el 3 por ciento supo decir correctamente el nombre del diputado que lo representaba, como se muestra en el siguiente cuadro.

¿Conoce el nombre del Diputado que lo Representa o no?

No	97%
Si	3%
Total	100%

Fuente: BIMSA, julio 2008.

Asimismo, en una encuesta realizada en diciembre del 2002 por Consulta Mitofsky sobre el conocimiento de los ciudadanos de los diputados se les preguntó "dígame por favor, el nombre de un diputado federal, el primero que se les ocurra." Las respuestas son francamente sorprendentes como se refleja en el siguiente cuadro, ya que resultaron más conocidos los diputados que se vieron inmersos en escándalos, como fue el caso de Félix Salgado Macedonio y Francisco Solís, mejor conocido como Pancho Cachondo. De hecho, ni siquiera los anteriores coordinadores de las fracciones parlamentarias eran conocidos por la población.

Dígame por favor el nombre de un diputado federal, el primero que se le venga a la mente

RESULTADOS

Felix Salgado Macedonio	5.3
Beatriz Paredes	2.9
Andréz Manuel López Obrador	1.7
Francisco Solís (Pancho Canchondo)	1.7
Martí Batriz	1.6
Felipe Calderón	1.6
Diego F. de Cevallos	1.1
Santiago Creel	0.8
Roque Villanueva	0.7
Rosario Robles	0.6
Cuauhtémoc Cárdenas	0.5
Otro	16.7
No supo ningún nombre	86.1

Fuente: Lo que sabemos de los Diputados: Consulta Mitofsky, respuesta múltiple, no suman 100%,

diciembre del 2002.

De igual forma, en otro estudio realizado en el año 2002, un 60 por ciento de la población dijo desconocer la función de un diputado, mientras que un 40 por ciento señaló que sí sabía la función que desempeñaban, como se muestra a continuación.

¿Sabe Usted la función o no de un Diputado Federal?

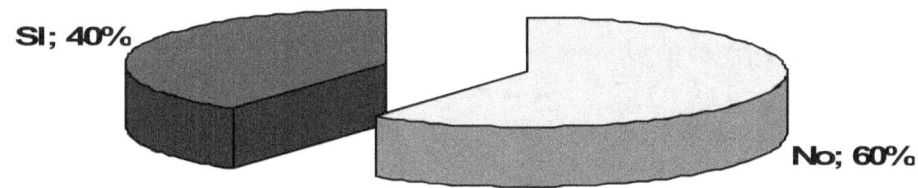

Fuente: Parametria, encuesta nacional en vivienda, octubre de 2002

Sin embargo, en otra encuesta nacional elaborada en diciembre del 2002 por Consulta Mitofsky, de aquellos que señalaron conocer la función de los diputados, sólo un poco más del 9 por ciento atinaron en decir que "legislar, proponer y aprobar leyes" era una de las funciones más importantes de los legisladores. Otros entrevistados señalaron que la función de los diputados era atender las necesidades de la gente (16.20%) o proteger y administrar los intereses del pueblo (8.9%). Véase el cuadro siguiente.

Para usted ¿cuál es la principal función de un Diputado Federal?

Principal función de un Diputado Federal	Parametría (octubre 2002)	Consulta Mitofsky (diciembre 2002)
Atender las necesidades de la gente / del pueblo		16.20%
Legislar / proponer y aprobar leyes	24%	9.40%
Aprobar el presupuesto de egresos de la federación	11%	
Representar al pueblo / a la gente de su distrito		9.40%
Proteger y administrar los intereses del pueblo / del		8.90%
Resolver los problemas de la comunidad / de su		7.30%
Arreglar disputas entre estados	5%	
Tomar decisiones para el bienestar del país		5.30%
Hacer cumplir las leyes	4%	2.60%
Otro	1%	8.90%
No sabe / no contestó	55%	32%
TOTAL	100%	100%

Fuente: Parametría, (encuesta nacional en vivienda, octubre de 2002) y consulta Mitofsky, (encuesta nacional telefónica, 17 de diciembre de 2002).

Por otro lado, en una encuesta realizada por la Secretaría de Gobernación en diciembre del 2001, en las que se preguntaba la causa que generaba la mala imagen de los diputados, un 23 por ciento de los entrevistados señaló que era por que no trabajaban bien, 10 por ciento dijo que por que faltaban mucho o eran flojos, 12 por ciento señaló por que se pelean, 9 por ciento apuntó que la mala imagen se debía a que no se ponen de acuerdo y un 46 por ciento señaló otra causa como se muestran en el siguiente cuadro.

¿Por qué tiene mala imagen de los Diputados?

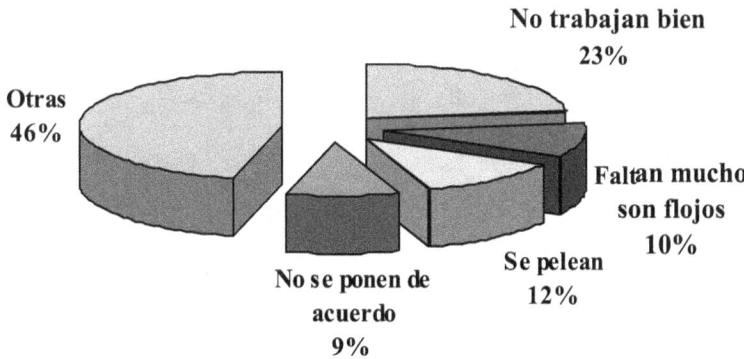

Fuente: Secretaría de Gobernación, Encuesta Nacional sobre Cultura Política y Prácticas Ciudadanas (encuesta en vivienda, octubre-diciembre de 2001).

Otro de los temas que preocupan a la ciudadanía y que han incidido en generar la mala imagen de los diputados federales tiene que ver con los principios e intereses que privilegian, de acuerdo a la percepción ciudadana, los legisladores a la hora de emitir su voto en el pleno del Congreso. Al respecto, IPSOS-BIMSA realizó una encuesta nacional telefónica en agosto del 2003, en la que se les preguntó a los ciudadanos qué fue lo más importante para los diputado que salen: los intereses de los habitantes que representan o los intereses de los partidos que representaban. Los resultados muestran, como se observa en el siguiente cuadro, que la percepción de los ciudadanos es que los diputados privilegian el interés del partido por encima del interés de los representados.

A la hora de votar una ley, ¿qué cree usted que fue lo mas importante para los Diputados que salen: los intereses de los habitantes que representan a los intereses del partido que representaban?

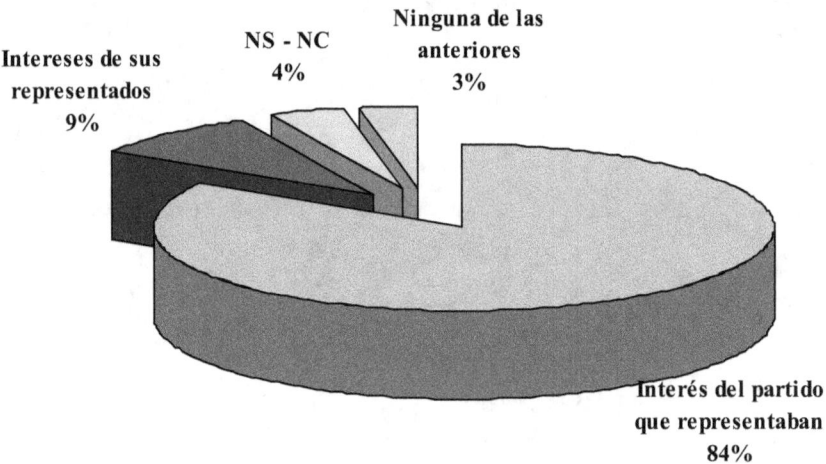

Fuente: Ipsos Bimsa, agosto de 2003, encuesta telefónica a nivel nacional.

En otra encuesta realizada por el IFE-UNAM en diciembre de 1999 sobre Ciudadanía y Cultura Democrática en la que se les pregunta a los ciudadanos sobre el nivel de confianza en los diferentes gobernantes, incluyendo los diputados, se muestra que los legisladores fueron los que generaron mayor desconfianza a la ciudadanía como se muestra en el siguiente cuadro.

En una escala de 0 a 10, donde 0 es "no confío nada" y 10 es "confío mucho", ¿qué tanta confianza tiene usted en...? Respuesta en porcentaje

	Diputados	Presidentes Municipales	Gobernadores	Presidentes de la República
0	23	17	17	18
1	4	1	2	2
2	4	3	5	3
3	6	5	5	4
4	5	5	5	4
5	20	19	18	14
6	9	10	9	7
7	9	10	11	9
8	8	13	13	14
9	2	5	4	9
10	6	8	7	13
No sabe / no contesto	4	3	4	3

Fuente: Ciudadanos y cultura de la democracia, IFE-UNAM, México, diciembre de 1999.

Muy similar a la desconfianza que la ciudadanía tiene hacia los políticos se encuentra la percepción sobre la corrupción de los gobernantes y funcionarios públicos, encontrándose en una encuesta realizada por el periódico Reforma de la ciudad de México en agosto del 2002, que los diputados son percibidos como altamente corruptos por la ciudadanía, casi igualando en el nivel de corrupción a la policía, como se muestra en el siguiente cuadro.

En una escala de 0 a 10, donde 10 significa "nada corrupto" y 10 "muy corrupto", ¿cómo calificaría a....? Los porcentajes en el cuadro representan a quienes dieron una calificación de 7 a 10

	2001	2002
Los políticos	81%	82%
Los policias	80%	79%
Los diputados	-	77%
Los líderes	69%	71%
Los jueces	68%	69%
Los burócratas	60%	62%
Los empresarios	50%	55%
Los comerciantes	42%	46%
Los periodistas	33%	37%
Los maestros	28%	34%
Los sacerdotes	-	28%

Fuente: Reforma, 29 de agosto de 2002.

Finalmente, en una encuesta nacional realizada por el Centro de Estudios Sociales y Opinión Pública de México en el 2003 se encontró que menos del uno por ciento (0.94) de la población considera muy buena la imagen de la Cámara de diputados, 36.06% la consideró regular, el 20.55 y 7.38 mala y muy mala, respectivamente.

En suma, después de analizar los diferentes estudios y encuestas sobre los diputados se puede concluir, de manera preliminar, lo siguiente:

a. La gente no conoce a los diputados, no sabe de las funciones que realizan y en general, desconoce la importancia del trabajo legislativo.

b. La Cámara de diputados es una de las instituciones gubernamentales más desprestigiadas del país, la que menos confianza genera en la población y de la que existe una mayor sospecha de corrupción.

c. Los ciudadanos consideran que los diputados no trabajan, cobran bien y entorpecen el trabajo de los otros poderes públicos.

d. La gente ve muy lejanos e inaccesibles a los diputados y no los considera como los representantes de sus intereses.

e. A pesar de los esfuerzos e intentos institucionales, la Cámara de Diputados no ha podido comunicar adecuadamente los avances y logros que se han alcanzado en las últimas legislaturas y no ha podido posesionar una imagen positiva.

4. La imagen de los legisladores locales

En el caso de la percepción de los ciudadanos sobre el trabajo, confianza y credibilidad de las legislaturas locales no cambia mucho respecto de los legisladores federales. De hecho, la mayoría de la gente no distingue entre los diputados federales y estatales; desconoce cuales son los ámbitos específicos de competencia de la Cámara de Diputados federal y el congreso local.

El caso de Jalisco, es un ejemplo de lo que prevalece en otras legislaturas locales sobre la semejanza de la percepción que la gente tiene con los diputados federales en materia de confianza, percepción sobre corrupción y credibilidad en la institución parlamentaria y en sus legisladores. El siguiente cuadro muestra el nivel de confianza ciudadana en las instituciones en Jalisco, donde los diputados están valorados incluso más abajo que la misma policía y los jueces.

Díganos por favor qué tanta confianza le inspira cada una de las siguientes instituciones y personas (calificación del 0 al 10, donde 0 es nada y 10 mucha confianza)

Institución o persona	Puntaje
Los empresarios	6.1
Las fuerzas armadas	7.2
Los jueces	5.6
Los sindicatos	4.9
La familia	9.2
La policía	5.3
Los Diputados	**4.6**
Juan Sandoval Iñiguez	7.0
La escuela pública	7.8
El presidente de su municipio	6.2
El gobierno federal	6.2
Francisco Ramírez Acuña	6.1
Vicente Fox Quesada	6.4

Fuente. Encuesta estatal sobre medios y audiencias en Jalisco, Universidad de Guadalajara, noviembre del 2003.

Asimismo, la percepción de los ciudadanos de la Zona Metropolitana de Guadalajara sobre la corrupción en las instituciones públicas y, en particular, de los diputados es muy alta. De hecho, los diputados de Jalisco son considerados como los funcionarios más corruptos del estado, como se muestra en el siguiente cuadro.

Percepción de la población de la Zona Metropolitana de Guadalajara sobre la corrupción.

Escala de 0 a 10, donde 0 es nada corrupto y 10 altamente corrupto, por favor califique que tan corrupto considera a...

Institución o actores	Nivel de corrupción
Funcionarios públicos	7.33
Empresarios	6.12
Partidos Políticos	7.71
Jueces	7.16
Diputados	**7.83**
Policía	8.29
Ejército	5.02
Gobierno del Estado	7.42
Autoridades municipales	7.53

Fuente: Centro de Estudios Estratégicos de la Universidad de Guadalajara, junio del 2002.

Es muy común, además, que la ciudadanía del estado de Jalisco culpe con mayor frecuencia a los diputados por diferentes problemas presentados en el estado, aunque en algunos de ellos no tenga competencia legal directa para poder intervenir, como fue el caso de los problemas de entrega recepción de 73 nuevos presidentes municipales a inicios del año 2004. El siguiente cuadro muestra que casi el 55 (12.4 y 42.5) por ciento de la ciudadanía consideraba que el Congreso tenía responsabilidad en los problemas de entrega recepción de los ayuntamientos, según una encuesta de un diario local.

¿A quien responsabilizas de los problemas en la entrega / recepción de los ayuntamientos?

Respuestas	Porcentaje	Opiniones
A los Alcaldes	43.1%	156
Al Congreso	12.4%	45
A ambos	42.5%	154
A ninguno	1.9%	7

Fuente: Periódico Mural de Jalisco consultado en Internet el 9 de enero de 2004.

5. Causas de la crisis

Las causas que generan la pérdida de credibilidad y confianza de la institución parlamentaria son varias, por lo que se puede decir que este es un problema multifactorial en la que inciden, al menos, seis distintos factores.

En primer lugar, se encuentra la propia crisis de la democracia representativa, donde no es suficiente sólo la legitimidad de origen de los diputados, al ser electos democráticamente como representantes populares, sino que la sociedad reclama crecientemente una mayor participación e incidencia en los asuntos públicos, propios de la democracia participativa. Es decir, el ciudadano espera que el diputado tome sus decisiones como parte de un poder delegado, pero tomando en cuenta sus intereses y puntos de vista, exigiendo, además, un desempeño eficiente y ético en la función pública.

En segundo lugar, otro factor que ha incidido en la percepción negativa que tiene la ciudadanía del Poder Legislativo y los diputados, tiene que ver, como se señaló anteriormente, con el estereotipo negativo que han formado por años los medios de comunicación de los propios legisladores, subordinando la imagen de este poder público a los intereses comerciales de las empresas de la comunicación, donde el *raiting* y la mediatización de las masas, son las divisas más importantes. De esta forma, los medios han privilegiado las notas sobre escándalos, conflictos, ineficiencias, impuntualidades, deshonestidades y abusos de algunos legisladores, maximizando y sobredimensionándolos, por encima del debate parlamentario y los logros de las propias legislaturas. Es decir, la mala imagen que tienen los diputados, en parte, se la deben a algunos medios de comunicación, quienes muchas veces, explotan el sensacionalismo y morbo de la gente transmitiendo sólo aspectos negativos de los propios legisladores.

En tercer lugar, la mala imagen de los diputados se debe a sus propias acciones, actitudes, carencias y, sobre todo, a la falta de unidad y visión como comunidad de propósitos. Es decir, lo que ha prevalecido en varias legislaturas federales y estatales es el canibalismo entre los propios diputados y fracciones, quienes frecuentemente se ven envueltas en conflictos de interés y enfrentamientos desproporcionados e innecesarios, dañando la imagen de la institución parlamentaria y de los propios legisladores. Esta ha sido un juego de suma cero, donde ninguna de las partes ha ganado, sino que todas han perdido. Esto es, al atacarse mutuamente se daña la imagen de la institución y no sólo de los diputados o fracciones a los que se busca perjudicar.

Una de las causas de la pérdida de confianza ciudadana y credibilidad en la política y, en lo particular, en la institución parlamentaria y los legisladores, tiene que ver con la percepción social de los niveles de corrupción y el índice de eficiencia gubernamental. Al respecto, es necesario señalar que México ocupa el lugar número 64 en materia de corrupción por debajo de Chile, Cuba, Belice, Costa Rica, Colombia y Brasil. A esto hay que agregar la falta de profesionalización del poder legislativo, tanto federal como local, así como la baja rentabilidad parlamentaria que prevalece en muchas legislaturas.

En cuarto lugar, la imagen de los diputados ha estado deteriorada históricamente, ya que desde muchos años atrás el diputado no era más que un cacique regional, un "sirviente" de un alto ejecutivo gubernamental (presidente o gobernador) o sólo un burócrata necesitado de trabajo, ya que pocas veces actuaron como verdaderos representantes de los intereses de la sociedad. Es decir, la mala imagen de los diputados no es de hoy, sino que viene de muchos años atrás y tiene que ver además con un sometimiento del legislativo al poder ejecutivo, propio de la época del presidencialismo imperial (Krause, 2000).

En quinto lugar, la actual cultura política de los ciudadanos privilegia los gobiernos unipersonales por encima de los gobiernos colegiados, rechaza la confrontación y el disenso propio de los parlamentos y busca tener liderazgos unipersonales fuertes (caudillos) y no grupales. De hecho, la mayoría de los ciudadanos, cuando escucha la palabra gobierno la asocia sólo al poder ejecutivo y poca gente incluye o asocia, también, a los otros dos poderes públicos (legislativo y judicial), como es lo correcto.

Finalmente, no ha existido una estrategia bien articulada y operada inteligentemente para fortalecer el Poder Legislativo, una especie de política de Estado para su reforzamiento, sino que, al contrario, parece ser que lo que ha prevalecido es un completo desinterés por la propia institución parlamentaria en la que la no reelección continua de los legisladores, vigente desde 1933, ha jugado un papel decisivo. A esto hay que agregarle, la incapacidad del propio poder legislativo de saberse comunicar adecuadamente con los ciudadanos y generar una percepción positiva.

6. Crisis de la teoría de la representación política

Esta crisis de los poderes legislativos en México, que no es privativa solo de este país, ejemplifica uno de los más altos desafíos a la teoría de la representación política, que procede de la Europa revolucionaria de mediados del siglo XVI, que aduce que el pueblo ejerce el poder político a través de representantes (Manin, 1998, Mill 1985, Cotta, 1988). Es decir, de acuerdo a esta teoría los gobernantes ocupan el lugar del pueblo para tomar decisiones y estas se toman de acuerdo a los intereses de las grandes mayorías (Dahl 1956, Bobbio 1992, Diamond 1989, Held 2001). Sin embargo, observamos que la mayoría de los ciudadanos no sólo, no se sienten representados por sus legisladores, sino incluso tienen una percepción negativa sobre su desempeño, asociándolos con acciones negativas como el abuso y la corrupción.

El siguiente cuadro muestra la percepción que los ciudadanos tienen sobre la corrupción de las principales instituciones y actores de la vida política en México y a nivel internacional levantada por Transparencia Internacional en el año 2004, donde se muestra que los ciudadanos consideran a los partidos políticos y a los legisladores como los más corruptos.

Corrupción en México
1 no corruptos, 5 muy corruptos.

	México	Promedio Internacional
Partidos políticos	4.5	4.0
Legisladores	4.2	3.7
S. Judicial	4.3	3.6
Policía	4.5	3.6
Empresarios	3.7	3.4
Medios	3.6	3.3
Sistema educativo	3.4	3.1
Servicios públicos	3.7	3.0
Ejercito	3.2	2.9
Entidades religiosas	3.1	2.7

Esto implica, la necesidad, por un lado, de reformular la vieja teoría de la representación política[11] y, por el otro, de crear mecanismos que incentiven la responsabilidad de los legisladores y castiguen la irresponsabilidad como pudieran ser la institucionalización de la reelección, la revocación del mandato y una mayor fiscalización de sus acciones, así como el crear mecanismos de democracia directa donde pueda participar más directamente la ciudadanía en la toma de decisiones como es el caso del plebiscito, el referéndum y la iniciativa popular.

7. Consideraciones finales

El Poder Legislativo vive una verdadera crisis de imagen, a pesar de haber sido uno de los primeros espacios del debate y recreación de la nueva diversidad política en México, crisis que se refleja en la percepción negativa que la mayoría de los ciudadanos tienen sobre la institución parlamentaria y sus legisladores. Esta crisis no es privativa de los diputados federales, sino que también incluye y afecta a las legislaturas locales.[12]

Este descrédito del Poder Legislativo se ha constituido en una especie de megatendencia global, con una especial manifestación en América latina, donde no importa si son congresos con mayorías identificadas con ideologías de izquierda, centro o derecha, o sean parlamentos que apoyan políticas

---

[11] De hecho, existe la sensación de que los legisladores, como representantes populares, realmente representan primero el interés personal, después el interés de grupo o partido y, finalmente, el interés de sus electores.

[12] La campaña de linchamiento y denostación que emprendieron los propietarios de los medios electrónicos de comunicación, a raíz de la aprobación de la reforma electoral en septiembre del 2007, en contra de los poderes públicos legal y legítimamente establecidos, agravó la percepción que los legisladores tienen entre amplios sectores de la población.

neokeynesianas, neoliberales o populistas, todos por igual, han entrado en una severa crisis de imagen y legitimidad, por lo que no es sostenible la tesis que sostiene que "como los Congresos se han convertido en los pocos focos de resistencia a las políticas neoliberales por esa razón han sido criticados y atacados ferozmente."

Para superar esta crisis, el Poder Legislativo requiere un cambio urgente y radical en su imagen. Una nueva imagen que sea el resultado del trabajo, la comunicación, la cooperación y, sobre todo, de una mayor vinculación con la sociedad. Esta nueva imagen puede ser el resultado de un plan estratégico de imagen corporativa del Poder Legislativo, que incluya, entre otras cosas, el cambio de actitud de muchos legisladores, una mayor eficiencia y rentabilidad parlamentaria, un mayor compromiso y responsabilidad para ejercer sus tareas y atender los requerimientos sociales y, sobre todo, de un Congreso cercano a la gente. Es decir, construir una nueva imagen a partir de un nuevo compromiso con la sociedad y sus sectores.

Pudiera pensarse que la crisis del Poder Legislativo es sólo una cuestión de percepción de los ciudadanos, motivada por las constantes críticas provenientes de algunos medios de comunicación, especialmente las señaladas a partir de la aprobación de la reforma electoral en septiembre del 2007. Sin embargo, es importante señalar que, en política, las cosas son lo que parecen, no necesariamente lo que son, por lo que es primordial y urgente hacer distintos cambios e impulsar diferentes acciones para mejorar la imagen de la institución parlamentaria.

En primer lugar urge una política de Estado orientada a dignificar y fortalecer la institución parlamentaria, impulsada desde los propios poderes públicos y con el apoyo de los medios de comunicación.

En segundo lugar, es necesario un cambio de actitud de los legisladores, que se refleje en una mayor responsabilidad, productividad y eficiencia en sus labores. La idea central, es comunicar y fomentar una nueva imagen del Congreso sobre la base del trabajo. Es decir, comunicar haciendo. Sobre este mismo punto, es importante que los legisladores partan por reconocer esta crisis y emprendan acciones para revertirla.

En tercer lugar, se requiere crear mecanismos institucionales que posibiliten la reducción de los conflictos y estimulen la creación de consensos al interior de los Congresos. El debate y confrontación de las ideas es propio de los parlamentos, pero los conflictos de interés y las disputas deben resolverse al interior del Congreso, por ejemplo, en las juntas de coordinación política, no necesariamente en los medios de comunicación, creando mecanismos que privilegien el diálogo y los acuerdos e inhiban los disensos.

En cuarto lugar, se requiere mejorar las estrategias de comunicación de los poderes legislativos, así como fortalecer la vinculación con la sociedad. Una comunicación creativa e inteligente que logre penetrar la mente de los ciudadanos y cambie la percepción negativa que hoy se tiene de los diputados. Reencontrar el dialogó con los representantes de los medios de comunicación y redefinir una nueva relación con los factores fácticos de poder será también una tarea de los legisladores.

En quinto lugar, se requiere impulsar una nueva cultura legislativa, educando y formando a los ciudadanos para que conozcan las funciones y actividades que realiza el Poder Legislativo, así como para que valoren y se involucren en los trabajos de la institución parlamentaria.

Finalmente, es importante fomentar un reencuentro entre la política y la ética, de tal forma que en la acción de los legisladores se refleje más el interés general de la sociedad que el particular, más el trabajo y la responsabilidad que el conflicto y el disenso. En suma, se requiere, como lo señala José Woldenberg, repensar el Congreso, creando una institución capaz de articular representación plural y eficiencia.[13]

El Imperio de la Imagen

1. Introducción

En los últimos años, hemos observado una mayor preponderancia e influencia de la imagen en la política, convirtiéndose en una ventaja competitiva en la lucha por alcanzar o conservar espacios de poder público. Sin embargo, desde la época de los romanos, ya se le daba importancia a la iconografía de los políticos. Durante el imperio romano los gobernantes utilizaron las monedas para difundir la imagen pública del Estado Romano bajo la protección de sus dioses. A lo largo del siglo II a. C., la imagen en las monedas se diversificó haciendo referencia a las gestas y a las divinidades protectoras de las familias de la nobleza que controlaban el poder. A partir del año 44 a c., bajo el gobierno de Julio César, se incluyó la figura de los gobernantes en las monedas, después se amplió a la familia de los emperadores.[14]

En el siglo XVI, Nicolás Maquiavelo, ya señalaba la importancia de la reputación del gobernante y del cuidado de su apariencia, así como de las formas que se deberían seguir en la política. Por ejemplo, en El Príncipe, escrito en 1513 señalaba que "no es preciso que un príncipe posea todas las virtudes citadas, pero es indispensable que aparente poseerlas," recomendando a los gobernantes buscar "no ser odiado por el pueblo." Más adelante agrega, "está bien mostrarse piadoso, fiel, humano, recto y religioso." Finalmente apunta, "los hombres, en

---

[13] José Woldenberg, El Congreso en el Centro, periódico Mural, de Guadalajara, Jalisco, 29 de enero del 2004.

[14] Fue Julio César quien dijo "la mujer del César no sólo debe ser honesta, sino también parecerlo."

general, juzgan más con los ojos que con las manos, porque todos pueden ver, pero pocos tocar. Todos ven lo que pareces ser, mas pocos saben lo que eres."[15]

En México, desde el inicio de la Revolución Mexicana, Pancho Villa sabía de la importancia de la imagen. En 1911 rubricó con la Mutual Films Corporation un contrato para filmar la revolución tratando, por un lado, de obtener fondos económicos para financiar su movimiento y, por el otro, cambiar con las filmaciones la imagen y percepción que el presidente Wilson y los americanos tenían del movimiento rebelde.

Hoy día, la imagen ocupa un lugar preponderante en las diferentes áreas del desarrollo de América latina, convirtiéndose, además, en un campo laboral en expansión, ya que la imagen, el bienestar y el estilo de vida han generado, en la orbe, una industria de 200 mil millones de dólares anuales.[16] En el campo de la política, bajo los nuevos sistemas electorales competitivos en la región, la imagen juega un papel muy importante para el éxito y la construcción de legitimidad social, ya que ésta está asociada a la credibilidad, confianza y reputación de los actores e instituciones políticas.

Pero, ¿Por qué la imagen se ha convertido en un factor preponderante en la política de América latina que hace que muchos individuos asocien su futuro político a la construcción de percepciones sociales positivas? ¿Cuáles son las transformaciones que se han presentado en la región en los últimos años que hacen de la imagen un recurso estratégico para el desarrollo político? ¿Qué importancia tendrá la imagen en el futuro político de la región? En el presente capítulo, se tratará de dar respuestas a estas interrogantes.

2. Los factores que han incidido

La preponderancia de la imagen en el campo de la política, responde a una serie de factores y acontecimientos que se han presentado en los últimos años en América Latina y que han generado transformaciones en la forma de entender, procesar y hacer política. Los principales factores y acontecimientos que han propiciado el crecimiento de la preeminencia de la imagen son los cambios en el sistema político de la región, las nuevas tendencias neogerenciales en el área pública, la crisis de las ideologías, el creciente desarrollo tecnológico, la crisis de la cultura de la palabra, el predominio de la cultura visual, la construcción de una nueva ciudadanía y, en general, por la nueva forma de hacer y entender la política.

Cada uno de estos factores, está incidiendo de manera diferenciada para que la imagen sea una variable preponderante no sólo para la clase política, sino también, para determinar las decisiones y fijar preferencias y apoyos de la ciudadanía. Esto es, la imagen se ha convertido en una ventaja competitiva muy importante en la arena política, de tal forma, que el éxito o fracaso en la

[15] Véase Nicolás Maquiavelo, El Príncipe, México: Editorial Siglo XXI, 1989.
[16] Alejandro de la Rosa, periódico Milenio, 8 de febrero del 2005. p. 29.

competencia puede determinarse por las percepciones y el modelo de gestión de imagen que se impulse. De hecho, la política se ha convertido en una especie de batalla por las percepciones de la ciudadanía, en la que la imagen juega un papel de influencia y seducción decisivo.

a. Democratización

Una de las transformaciones más importantes que se han presentado en América latina en los últimos años es el cambio del tipo de sistema político preponderante, lo que transformó también las formas de valoración, organización y decisión en la política. Esto es, la región experimentó una transición de regímenes autoritarios o semi-autoritarios hacia sistemas políticos democráticos, sustentados en la construcción de consensos sociales y la gestión de los afectos de los ciudadanos por parte de candidatos, partidos y gobernantes, todo dentro de un marco de libertad, pluralidad y competencia.

Bajo regímenes autoritarios o totalitarios, basados en la coacción, la violencia y el control social, no en la libertad, la imagen de los políticos y su valoración social, resultaba irrelevante. Es decir, bajo estos sistemas predemocráticos la opinión y percepción de los individuos y las masas acerca de la clase política no eran un factor relevante para el acceso y conservación del poder político, ya que las decisiones sobre el carácter de la representación pública y la legitimación social no dependían del apoyo popular. No es, sino hasta el inicio del proceso de transición hacia la democracia en la región, cuando la opinión de la gente y la valoración social sobre la imagen y reputación de los políticos empiezan a cobrar relevancia.

En el momento que el voto popular y el respaldo de los ciudadanos se convierten en el mecanismo legítimo y hegemónico, que permite el ascenso y conservación del poder público, las características, acciones y actitudes de los políticos, así como la reputación, personalidad e imagen que proyectan empiezan a cobrar relevancia. De esta forma, la percepción social, representación, modelización o idealización de la realidad política por parte de los ciudadanos se convierte en una variable que activa actitudes y acciones de la clase política en la búsqueda de construcción de consensos sociales y ventajas políticas.

En ese momento, la imagen personal, así como la reputación pública de los políticos, se convierte en una ventaja o desventaja competitiva sobre la que se sustenta parte del éxito y el futuro de la clase política. Es decir, la democracia, como sistema político basado en el consentimiento de los ciudadanos y en la correcta gestión de sus afectos, trajeron como consecuencia la valoración de la imagen como variable determinante del éxito político. Bajo otros sistemas predemocráticos, la imagen y los símbolos se utilizaron no para construir consensos sociales, sino para controlar y enajenar a las masas.

En suma, la preponderancia de la imagen en la política es consecuencia de la misma democracia, que implica un sistema de pluralidad y competencia política civilizada. Bajo este sistema, gestionar adecuadamente la imagen de los personajes y de las instituciones políticas se convierte en una ventaja competitiva y en un factor importante para acceder o conservar el poder.

b. Neogerencia

Otro de los cambios que se han presentado en América latina en los últimos años es una nueva tendencia neogerencial, consistente en incorporar procesos, prácticas, métodos, sistemas y procedimientos que han surgido y se han desarrollado en el sector privado (empresa), pero que hoy día se aplican, utilizan e impulsan en el sector público. El propósito central de esta nueva tendencia es mejorar la gestión y uso de los recursos públicos, así como el construir una mayor legitimidad social, mediante acciones que permitan una eficientización de los procesos. De esta forma, encontramos, por ejemplo, en el sector público la aplicación de los constructos de planeación estratégica, calidad total, reingeniería, mercadotecnia, benchmarking, administración por resultados y bursatilización de las finanzas, entre otros, incorporados con el objetivo de mejorar los procesos y eficientar el uso de los recursos en el espacio público tanto a nivel local como nacional.

Esta nueva tendencia neogerencial, ha generado la apertura necesaria en el área pública para que nuevas formas de hacer, entender y procesar la política se incorporen como prácticas que se consideran ventajosas para alcanzar los objetivos organizacionales. De esta forma, toma relevancia la imagen, como constructo y referente estratégico de la política, bajo el nuevo sistema democrático, sustentado en la competencia y la nueva pluralidad en la región.

Esta nueva tendencia neogerencial, posibilitó la incorporación de muchos de los conceptos, estrategias, técnicas y saberes que se usan en la empresa privada, específicamente en materia de imagen corporativa, primero, al sector público y, después, a la política. Es decir, la preponderancia de la imagen en la política tiene sus antecedentes en la empresa en forma de imagen corporativa de las organizaciones.

En la empresa, la imagen corporativa se utiliza como un referente estratégico imprescindible para lograr mayor visibilidad, confianza, credibilidad, posicionamiento y, sobre todo, una mayor competitividad en el mercado, de tal forma que el éxito o fracaso de las empresas depende, en gran medida, de la gestión de la imagen y la reputación de marca que sepan construir.

Debido a que el sector público de América latina es muy proclive a impulsar la aplicación indistinta de diferentes procesos gerenciales que han sido útiles y beneficiosos para las organizaciones, la incorporación de la imagen como referente vital en la política no ha tenido mayores dificultades, aunque si algunas criticas.[17] De esta forma, en el espacio público, la imagen no sólo se ha convertido

---

[17] Al respecto de lo que señalan las críticas de la imagen y la preponderancia de la televisión, Mario Vargas

en una obsesión de muchos políticos, sino que incluso, se está incorporando como referente estratégico importante en las instituciones públicas y en las organizaciones políticas y sociales, en la búsqueda de su desarrollo y consolidación.

c. Crisis de las ideologías

La imagen ha cobrado relevancia en la política, también, por la crisis en la que han caído los paradigmas ideológicos que fueron sustento, de cierta manera, de regímenes autoritarios o totalitarios. Ante el debilitamiento de las ideologías y el exacerbado pragmatismo predominante, no sólo en la clase política, sino también en gran parte de la ciudadanía, la imagen se ha convertido en un referente competitivo importante.

La teoría de los espacios públicos sustenta que todo vacío que se genera tiende a ser llenado u ocupado por alguien o algo, de tal forma que si las ideologías ya no son el referente que genere cohesión y seducción social, ahora la imagen, el carisma y la reputación de los actores políticos, como individuos, ocupan estos espacios y cumplen esas funciones. Esto es, la imagen del político se convierte en el sustituto de las ideologías, para una sociedad ávida de referentes concretos y palpables, más que de credos ideológicos.

Los regímenes autoritarios y totalitarios utilizaban a la ideología como un instrumento de control social, generando, una especie de "hegemonía ideológica de Estado," en la que la pluralidad y la competencia de paradigmas políticos no estaba permitido. Bajo estos regímenes predemocráticos, la ideología permeó todas las acciones y tramas políticos del momento, como fue el caso, por ejemplo, de la ideología de la revolución mexicana, convirtiéndose en un aglutinador estratégico para la clase gobernante. Por su parte, la democracia permitió la convivencia de diferentes referentes ideológicos, lo que resultó en un debilitamiento de la ideología dominante. Es decir, el mismo sistema democrático generó condiciones de competencia que debilitó a las mismas ideologías como referentes políticos importantes para la clase política y la sociedad en su conjunto.

Esta crisis de las ideologías, que ha permitido que la imagen cobre mayor relevancia social, ha generado, también, el debilitamiento de las instituciones y organizaciones políticas, donde el individuo es más importante, cobrando una mayor notabilidad respecto de su organización o grupo. Es decir, la imagen del político se ha sobrepuesto a la imagen del grupo al que pertenece, e incluso, a la de la misma institución.

Llosa señala "me parece antimoderno, anacrónico, obsoleto, el rechazo de algo que hoy día forma parte de nuestra realidad de una manera irreversible; combatir la televisión, combatir los medios audiovisuales, me parece absurdo, como querer cambiar la ley de la gravedad, están ahí y ahí se van a quedar y, lo mejor que podemos hacer es sacarle el provecho que es posible sacarles." (Periódico Mural, Guadalajara, Jalisco, 30 de noviembre del 2005.

Daniel Innerarity, señala que cuando las diferencias ideológicas se atenúan, las preferencias de los electores terminan fraguando por relación con la manera de hacer la política, cuya forma acaba siendo prioritaria frente a cualesquier contenido. El aspecto más banalizante de esta transformación lo constituye la tendencia a formular sus elecciones a partir de criterios "estéticos" o cosméticos: la simpatía, la proximidad, incluso el modo de hablar o vestir. Es decir, en la dimensión de la representación, que tiene una importancia central en un momento en la que la política consiste fundamentalmente en escenificar y parecer.[18]

Sin embargo, es importante precisar que no es que la imagen haya debilitado a las ideologías. Al contrario, ante la crisis de las ideologías, generada por un mayor pragmatismo de la sociedad y de la propia clase política, la imagen ha pasado a ocupar un espacio mucho más preponderante. De hecho, como se comentó anteriormente, la imagen siempre ha estado presente en la política, no es que se haya "usurpado" el lugar recientemente, simplemente hoy día ésta cobró mayor relevancia.

d. Desarrollo tecnológico

El desarrollo de la tecnología y su socialización han contribuido, también, al fortalecimiento de la imagen como nuevo paradigma sobre el que se sustenta la política contemporánea. La primacía de la televisión y su gran impacto en la sociedad, así como el desarrollo de las nuevas tecnologías de la información, como la Internet, han transformado la forma tradicional de hacer y entender la política. De hecho, hoy día la política se hace preferentemente de forma mediática, de tal manera que si algo no está en los medios, principalmente en la televisión, entonces no existe, utilizándose la imagen no sólo dentro de la estrategia política para ganar elecciones y gobernar, sino también para destruir adversarios, como es el caso de los video-escándalos.[19]

De esta forma, la tecnología ha posibilitado que la imagen se convierta en un referente estratégico importante, cuyo poder de persuasión sobre las masas se ha incrementado notablemente.[20] De ahí, que la clase política vea a la imagen como un medio y un referente valioso para alcanzar sus fines y así lograr conseguir o conservar posiciones de poder.

Al respecto, Balandier apunta que el poder se legitima por la producción de imágenes, por la manipulación de símbolos y su organización en un espacio que podemos llamar la teatralidad estatal.[21] En esta disputa del poder, los medios de

---

[18] Daniel Innerarity, Cuestión de Estilo, Periódico El País, España: 29/03/2004.

[19] Véase, Marco Levario Turcott, "El imperio de la imagen," Revista Etcétera, www.etcetera.com.mx

[20] Mc Luham, M. *Understanding Media*. New York, Mc Graw Hill, 1964.

[21] Citado por Edgar Jiménez et al, Las Decisiones Políticas: De la Planeación a la Acción, Siglo XXI editores/IFE, México, 2001.

comunicación como la televisión y la Internet, están jugando un papel protagónico. Esto es, la revolución en la informática y en las telecomunicaciones sustentadas en la imagen, así como el poder de influencia que estas generen entre los diferentes grupos sociales, han hecho de la imagen un nuevo referente de poder.

e. Crisis de la cultura de la palabra

Antaño, la radio jugó un papel preponderante en las estrategias de información y comunicación política. Hitler y muchos dictadores como Musolini y Stalin, por ejemplo, utilizaron la radio y la palabra como medios para alcanzar sus aviesos propósitos. Paradójicamente, también fue la radio la que dio voz a grupos disidentes, que finalmente terminaron destruyendo a los regímenes predemocráticos.

De hecho, durante las primeras décadas hasta los años cincuenta del siglo pasado, la radio fue el medio por antonomasia de la política de masas, siendo sustituido por la televisión a partir de la década de los sesentas. De esta forma, la cultura de la palabra empieza a ceder paso a la cultura visual, para consolidarse como un paradigma hegemónico a partir de las últimas décadas del siglo XX.

Esto no significa que la palabra deje de utilizarse hoy día, como medio de la política o que la cultura escrita haya desparecido por completo como instrumento de comunicación y persuasión, sino sólo que la imagen se ha sobrepuesto a las otras tanto en importancia como en poder de influencia.

Esta crisis de la cultura de la palabra, ha generado un cambio en el perfil del político que la sociedad privilegia y apoya actualmente. En el pasado, eran los grandes oradores, los maestros de la palabra y la tribuna los que se imponían y triunfaban en la política. Estos grandes tribunos, con su elocuencia y su magistral dicción, lograban persuadir y movilizar a las masas. Hoy día, las cosas son diferentes. Los políticos fotogénicos e histriónicos, los que se han preocupado por construir y conservar una buena imagen integral, son los que se están imponiendo, debido a que la cercanía afectiva del político con la gente por medios televisivos es más efectiva. La oratoria supeditada a la imagen, los transistores dejando lugar al plasma y a las nuevas tecnologías digitales.

Hoy más que nunca, la imagen de las personas es más fuerte que los símbolos y las palabras. Tanto la hoz y el martillo o el puño y la rosa como los discursos elocuentes han pasado a la historia, perteneciendo a una simbología del poder y a una práctica política lejana, hoy día oscurecidas por la imagen de los líderes y las personalidades.

La importancia de la imagen y su preponderancia sobre la política, se debe al hecho, también, de que las imágenes persuaden, teniendo un alto poder seductivo, mientras que las palabras comunican y la lucha de hoy día, más que por comunicación, es por persuadir y seducir a los diferentes públicos. Recuérdese que el papel de la imagen es mostrar, nunca decir.

El predominio de la cultura visual ha generado, también, ciudadanos más influenciables por los medios audiovisuales, quienes se informan de política, principalmente, a través de la televisión. De hecho, la televisión se ha constituido como instrumento efectivo y dominante de socialización e influencia política, que genera efectos persuasivos e identidades políticas. La televisión logra modificar la forma en la que los individuos conocen y comprenden la realidad que les rodea. Construyen imagen, pero también destruyen.

Giddens señala que los viejos mecanismos del poder no funcionan en una sociedad en la que los ciudadanos viven en el mismo entorno informativo que aquellos que los gobiernan. De esta forma, la televisión influye determinantemente en las percepciones que la gente tiene de la política y los políticos.

La televisión le ha dado protagonismo a las personalidades y a los liderazgos individualizados, debilitando a las instituciones partidistas, de tal forma que hoy día, muchos partidos dependen de personajes y líderes carismáticos. Esta crisis de los partidos políticos, ha hecho posible que la imagen de los hombres fuertes se imponga por encima de las instituciones. Para bien o para mal, la política se hace, hoy día, por formatos mediáticos, donde la imagen lo es prácticamente todo, en un mundo donde la política ha entrado en una nueva tendencia en la que se impone lo simbólico-afectivo como determinante del éxito.

f. Cambios en la ciudadanía

En los últimos años, se han producido, también, cambios en la ciudadanía. Hoy, se ejerce un tipo de ciudadanía más light y más superficial, en la que la mayoría de los ciudadanos no están interesados en la política, ni se involucran en actividades de su comunidad. De hecho, estamos viviendo una época en la que predomina un ciudadanía despolitizada o, incluso, anti-politizada, que privilegia lo individual por encima de lo colectivo, la forma por encima del contenido.

En este tipo de sociedad, la imagen se convierte en un medio que moviliza sus sentimientos y emociones, generando incentivos para que la clase política trate de persuadirlos a través de estrategias mediáticas. Esto es, los cambios en la sociedad y las nuevas formas de ejercer la ciudadanía han generado incentivos para que la imagen se imponga como el paradigma predominante en el gusto de la gente, ante la existencia de un ciudadano de la contemplación convertido sólo en espectador.

Antaño, la política tenía, además, un carácter más profundo, en el que el fondo tenía más importancia que la forma. Hoy día, el fondo no importa tanto; lo que importa mas es el ser entretenido, el caer bien, el agradar y el ganar el afecto de la gente, lo cual se logra mejor a través de la manipulación inteligente de imágenes y símbolos. Quitar profundidad, argumento y densidad para ganar en estética, afecto e impacto en los públicos.

La naturaleza del ser humano y sus canales rectores de comunicación y percepción influyen para el predominio de la imagen por encima de la palabra. De hecho, de acuerdo a diferentes investigaciones que se han realizado, se ha concluído que el 83 por ciento de las decisiones del ser humano las hace por la información que le es suministrada a través de la vista. Al respecto, existen diferentes adagios populares que enfatizan sobre la importancia de la vista sobre los otros sentidos. Por ejemplo, el dicho "ver para creer," establece que el ser humano supedita su credibilidad solamente a lo que es visto. Es decir, a la imagen.

Por su parte, los adagios populares "de la vista nace el amor" y "el primer paso para ser es parecer," apuntan que el gusto y la percepción de la gente está antecedida de la imagen. Al respecto, se puede decir que el hombre que ve, parece tener mayor importancia que el hombre que lee. Sin embargo, al contrario de lo que dice Sartori (2003), la imagen no es enemiga de la inteligencia, de la profundidad del sentido ni de la intensidad sensorial.[22] La imagen sólo es un medio, nunca un fin.

En suma, los ciudadanos están más interesados en el entretenimiento que en la educación política. Les importa más el divertirse, privilegiando, por ejemplo, una programación televisiva centrado en el entretenimiento y la vacuidad.

3. A manera de conclusión

La imagen constituye un elemento preponderante más de la política moderna, en la medida que la política se ha convertido en un asunto de percepciones. Hoy día, no se puede hacer política y ser exitoso sin acudir a las estratagemas de la imagen, ya que en la batalla por ganar la ilusión pública y el poder político, la imagen y la percepción de los públicos lo es, prácticamente, todo, debido al hecho de que la política es también, ante todo, una imagen.

La imagen se ha convertido en un factor preponderante en la política en América latina debido a las grandes transformaciones políticas, sociales y culturales que se realizaron en los últimos años en la región. Estas transformaciones han afectado la forma tradicional de hacer, entender y procesar la política en la región.

La imagen es la percepción que los públicos tienen sobre una determinada realidad o acción. En política la percepción es la realidad. En este sentido, no es exagerado decir que gobernar es parecer. No es lo que es, sino lo que se percibe, lo que parece. De hecho, en una sociedad democrática, como la que se está construyendo en América latina, la lucha por el poder político es la lucha por ganar las percepciones de los públicos y por conquistar los corazones y el afecto de la gente.

---

[22] Sartori, Giovanni, *Video-política. Medios, Información y Democracia de Sondeo*, México: FCE, 2003.

La imagen es una relación entre sujetos y grupos sociales, que se ha convertido en un elemento determinante de las relaciones de poder, misma que se encuentra sujeta a múltiples mediaciones. Quien tiene una mejor imagen o sabe gestionarla adecuadamente, tiene una gran ventaja competitiva. Ya sea como factor de influencia, como instrumento de liderazgo o como referente estratégico, la imagen se ha impuesto como el paradigma predominante de la política en la era moderna. Imagen y poder son dos constructos interrelacionados. Parafraseando a Orwell, quien señalaba que quien controlaba el pasado, controlaba el presente, hoy podemos decir que quien controla la imagen controla el poder del presente y del futuro. Es decir, en el futuro la imagen será una variable determinante en la política.

El Poder de la Imagen:
El Método VAZA para su Construcción

I. Introducción

Como fue señalado en el primer capitulo, la imagen es la percepción y representación mental que una persona tiene de otra, misma que se construye a partir de la relación entre individuos en un momento y espacio determinado. La propia naturaleza humana y su propensión a la socialización hacen que la imagen sea ineludible. Es decir, al ser sujetos gregarios, vivir en sociedad y relacionarnos con nuestros semejantes somos percibidos por los demás, quienes se forman mentalmente una representación de nosotros. En este sentido, toda imagen es pública, ya que nos desarrollamos en un ambiente social determinado y, por consiguiente, siempre seremos percibidos (no sólo vistos) [23]por alguien más.

La imagen es, además, relativa, ya que cada individuo que nos percibe tiene un bagaje cultural específico, nos ve con base a su experiencia, idiosincrasia, gustos, afinidades y paradigmas. Nadie puede vernos de la misma manera, ni puede, por lo tanto, responder a los estímulos comunicaciónales de la misma forma.

La imagen es también dinámica. Esto es, está en constante cambio, ya que se construye a través del tiempo a partir de nuestros actos, palabras, actitudes, apariencias e, incluso, omisiones, pudiendo ser creada de acuerdo a nuestros intereses y decisiones. Esto último implica la creación de imagen de manera intencional de acuerdo a nuestros objetivos y planes.

La imagen siempre es disímbola. Es decir, presenta diferentes rasgos y características, dependiendo del rol que juega cada individuo en la sociedad y de la forma que nos desarrollamos y somos percibidos en nuestros diferentes contextos sociales. Por lo tanto, nadie tiene una sola imagen, sino que tenemos diversas imágenes dependiendo del rol que cumplimos, ya sea como políticos, como miembros de una familia, como ciudadanos o como profesionistas, por señalar algunos ejemplos. La mejor imagen se forma cuando hay consistencia y equilibrio entre la imagen que proyectamos en los diferentes roles que jugamos, ya que de lo contrario se puede tener, por ejemplo, una buena imagen como padre de familia, pero una muy mala como gobernante.

Debido a la prominencia que el hombre le ha dado a la imagen y del papel que juega ésta en las sociedades modernas, se ha constituido como un factor real de poder que puede ser utilizado como instrumento de persuasión y cortejo político, para construir consensos y legitimidad social. Esto es, una buena imagen ayuda a lograr aceptación social, credibilidad y popularidad, misma que puede ser utilizada en el ámbito político para avanzar metas de carácter electoral.

---

[23] Los seres humanos percibimos a través de los 5 sentidos: el olfato, la vista, el oído, el tacto y el gusto. Sin embargo, la vista juega un rol más importante en la percepción humana.

Partiendo de estos principios, en este capítulo se presenta el proceso de construcción de imagen pública, que aquí llamamos el método VAZA, orientado a construir imagen aplicada a la política. Se parte de la idea, de que siempre es posible mejorar nuestra imagen; todo depende de nuestra voluntad, esfuerzo y ganas para hacerlo.

2. El Método VAZA de construcción de imagen

Construir una buena imagen pública, que, sin duda, nos dará una alta reputación social, tiene que desarrollarse con base a un método preciso, que ha sido probado y ha mostrado sus resultados. El método que aquí se presenta ha sido utilizado en diferentes procesos político-electorales para construir imagen de candidatos a puestos de elección popular, mismo que se ha perfeccionado a partir de las contribuciones teóricas de grandes estudiosos de la imagen pública.[24] Sin embargo, es preciso señalar que este método puede aplicarse, con las respectivas adecuaciones, para la imagen personal de cualesquier individuo, institución u organización, independientemente de su giro, tamaño o edad.

Los pasos del método VAZA son nueve y todos, de cierta forma, están concatenados. Ninguno por si sólo puede funcionar y dar resultados, ni nadie tiene primacía sobre los demás, por lo que deben entenderse como un sistema en la que todas las partes son importantes y cumplen una determinada función.

a. Definición de objetivos

El primer paso del método, parte de definir con precisión qué es lo que queremos. Cuál es el objetivo que buscamos alcanzar en la construcción de imagen. Es decir, estar claros de qué imagen queremos formar, cómo queremos que los demás nos perciban. Cuál es nuestra "marca" o etiqueta con la que queremos que los demás nos identifiquen. Si no tenemos claridad de lo que queremos, difícilmente podremos llegar a algún lado. Por ello, primero tenemos que tener claro qué queremos, por lo que tenemos que definir primero y escribir luego, los objetivos de imagen que buscamos.

Por ejemplo, podemos fijar como objetivos de imagen el que los demás nos perciban como un político culto, responsable, honesto, trabajador, solidario y accesible. Podemos, también, pensar en construir una imagen de un político con carácter, capaz de tomar decisiones difíciles que reclama las actuales circunstancias para poner orden en una determinada circunscripción electoral avasallada por la delincuencia. Al contrario, podemos también pensar en construir una imagen de tolerancia y paciencia para aceptar la realidad y diversidad, siendo más comprensivos ante los nuevos movimientos sociales y las nuevas generaciones.

---

[24] Dos autores latinoamericanos muy reconocidos en estos temas son Víctor Gordoa y Gabriela Vargas, aunque ellos no han profundizado sus estudios en su aplicación a la política.

En suma, el primer paso consiste en definir y poner por escrito los objetivos que buscamos alcanzar. Estos pueden ser generales y específicos, así como estar definidos en el corto, mediano y largo plazo.

b. Auditoria de imagen

El segundo paso del método VAZA tiene que ver con la investigación, que aquí definimos como la auditoria de imagen. El propósito de esta indagación consiste en saber, con cierta precisión, como nos perciben los demás. Para realizar esta investigación, requerimos hacer uso de métodos cuantitativos y/o cualitativos. Dentro de los primeros, encontramos las encuestas de opinión realizadas bajo procedimientos estadísticos científicamente validados. Bajo este procedimiento podemos conocer, por ejemplo, primero si nos conoce la gente, segundo qué imagen tiene de nosotros y tercero cuál es su opinión respecto de nuestro desempeño.

La investigación cualitativa, también, busca obtener información, pero más a fondo. Para esto se puede hacer uso de los *focus groups*, las entrevistas a profundidad con informantes claves y estudio de expertos, quienes nos observarán por varios días, video gravarán nuestros actos, estudiarán la imagen que proyectamos y nos darán a conocer los resultados de su diagnóstico. Ellos analizarán, principalmente, la imagen que se percibe, en su dimensión verbal, física, y audiovisual, para darnos una serie de consejos y recomendaciones para su perfeccionamiento.

La auditoria busca detectar fortalezas y debilidades en la proyección de nuestra imagen, para, a partir de su diagnóstico, diseñar estrategias y acciones concretas que permitan su mejoramiento. La auditoria busca, también, detectar puntos de oportunidad que puedan ser aprovechados en el proceso de fortalecimiento de la imagen.

Para realizar la auditoria, se debe contestar un instrumento de evaluación, que aquí no se expone por cuestiones de espacio, pero que contiene una serie de variables como porte, postura, voz, apariencia física, cuidado facial y del cabello, dentadura, ademanes, gesticulación, habilidad de pensamiento y respuesta rápida, entre otras.

En términos generales, de acuerdo a la evaluación de la imagen, se clasifica ésta en excelente, buena, regular, mala o muy mala, particularizándose de acuerdo a las variables estudiadas. De esta forma, un individuo puede tener una buena imagen física, pero una muy mala en su voz, limitando su capacidad de comunicación. Lo que se buscará más adelante es equilibrar estas percepciones, de tal forma que sean buenas en todas las variables o en las que se consideren más importante para la vida política.

El diagnóstico, también, debe evaluar el entorno y contexto en el que se desenvuelve el individuo, así como la cultura política predominante en esta sociedad, sus experiencias, estereotipos y costumbres, que van a determinar, de cierta manera, la forma en que se percibe a los demás.

c. Conceptualización

Una vez que se realizó la auditoria de imagen pública, se pasa a la etapa de conceptualización, que es distinta a la determinación de objetivos. En esta etapa, lo que se hace es convertir los objetivos en conceptos mercadotécnicos, utilizando la creatividad y la innovación. Es decir, los objetivos debemos convertirlos en un concepto que tendremos que "vender" a los demás, que puede incluir desde cambios pequeños de nuestra imagen hasta la creación de un nuevo personaje.

La conceptualización incluye la definición precisa de la imagen que se quiere formar en sus múltiples facetas. Esto es, hay que tener claro el concepto de imagen que queremos crear, así como las características particulares, en detalle, de la nueva imagen del político. La conceptualización implica, también, la concepción global de la imagen a construir, tomando en cuenta la coyuntura del momento y las circunstancias particulares que se están viviendo.

La conceptualización implica también, de cierta forma, el auto descubrimiento, explotando tus mejores cualidades y construyendo nuevos escenarios que permitan formarte una muy buena reputación y fama pública, pero sin que esto represente una ruptura radical con la vieja imagen.

d. Diseño

El diseño consiste en los trazos generales de la imagen que se desea construir, ligadas a las características y aptitudes que ya tienes. Por lo tanto, debes preguntarte: ¿Que hay de único en ti? ¿Qué haces que te distingues del resto de la gente? ¿Qué quieres que los demás piensen de ti? ¿Cuál es el público objetivo al que quieres llegar?

El diseño consiste en poner por escrito la imagen que se desea construir en sus múltiples variantes y facetas. Por ejemplo, el diseño de imagen para un político responsable implicaría describir desde aspectos que tengan que ver con la puntualidad para atender los compromisos de trabajo contraídos con anterioridad, pasando por el seguimiento de acuerdos, la moderación de su lenguaje, su porte, vestimenta, comportamiento social ante los demás, hasta la forma de ejercer el liderazgo y tomar decisiones. Pero este político, a su vez, es también padre de familia, esposo, hermano, profesionista, ciudadano, creyente, etc.

Es decir, el diseño de la imagen debe incluir todos los roles que una persona cumple en sociedad, tratando de buscar una sintonía y homogeneidad en la percepción que la gente tiene de su personalidad, enfatizando claro, en el aspecto político. Esto es, nadie puede ser considerado un buen político, si es mal padre, mal hijo o mal ciudadano. De ahí la necesidad de tratar de buscar cierta armonía entre las diferentes facetas de la personalidad que definirán la forma como los demás te perciban.

e. Producción

Una vez que hemos conceptualizado la imagen o marca que queremos transmitir, la hemos trazado en su generalidad y hemos puesto estos trazos por escrito, ahora pasamos a la etapa de producción. La producción incluye la puesta en práctica de esa imagen, la cual va desde un nuevo comportamiento ante tus semejantes, el desarrollo de una nueva actitud, una forma diferente de vestir, hablar, relacionarse con los demás e, incluso, hasta un nuevo "look."

La producción incluye la hechura de videos, spots, volantes y todo tipo de publicidad elaborada bajo el nuevo concepto de la imagen que se quiere formar. Producir, implica, poner en operación lo conceptualizado y diseñado, elaborando lo que se denomina el manual o catálogo de imagen, el cual incluye hasta los pequeños detalles de la nueva imagen, como color, tipografía, contornos etc., en la publicidad que se genera.

En la producción se debe considerar, además, todo lo referente a la construcción operativa de la imagen, antes de salir al mercado incluyendo los medios por los cuales se difundirá, que pueden ser tan amplios, de acuerdo a la creatividad, imaginación y recursos con los que se cuenten.

f. Difusión

Una vez que se tiene la producción, pasamos a la etapa de socialización de esa imagen, difundiéndola por los medios que se considere conveniente de acuerdo al tipo de imagen que se quiera formar. La difusión se da, por ejemplo, a través de la relación cotidiana de una persona con los demás, mediante el uso de los medios de comunicación, con la propagación directa por parte de tus seguidores mediante videos, libros, volantes, trípticos, calcomanías, objetos utilitarios, etc.

La difusión es una parte muy importante del proceso de construcción de imagen pública. Difundir es dar a conocer, buscar la persuasión, el consenso y la aceptación de los demás. Difundir una nueva imagen implica superar el pasado, para construir algo nuevo. Implica posicionar en la mente de los demás una nueva visión acerca de tu persona y tus actos. Demanda insistir en que te acepten como un nuevo hombre, auténtico sin camuflaje alguno.

En este sentido, es muy importante evitar que la gente te perciba como falso, camuflado, impostando una personalidad que no es tuya; de ahí la necesidad de hacer una buena conceptualización, un buen diseño y, sobre todo, una buena producción de la nueva imagen, acompañado de una difusión profesional de la misma. Es decir, la nueva imagen debe ser creíble por tu público objetivo, por lo que se debe cuidar hasta los más pequeños detalles de todo el proceso de construcción de la nueva imagen pública.

Como parte de la difusión de la nueva imagen, se pueden crear eslóganes, lemas o frases cortas con las que se te identifique como puede ser "un hombre de ley," "el gobernante de la educación," o "el político honesto," por poner algunos ejemplos. De igual forma, se pueden utilizar símbolos, colores, vestimentas o distintivos para que la gente los asocie con tu nueva imagen, tales como el "candidato del sombrero azul," el político que viste siempre de blanco, el gobernante que lleva invariablemente el escudo de nuestra universidad, etc.

g. Evaluación

La evaluación consiste en hacer un análisis de los resultados obtenidos en su cotejo con los objetivos planteados desde el inicio. Toda evaluación debe partir de las siguientes interrogantes ¿Se consiguieron los objetivos buscados? ¿se logró construir una nueva imagen? ¿la nueva imagen es mejor que la anterior?

Para evaluar se utilizan los mismos métodos cuantitativos y cualitativos, que se aplican en la etapa de diagnóstico, buscando que la información obtenida sea la más apegada a la realidad.

Toda evaluación debe ser diagnostica, orientada a conocer las fortalezas y debilidades de la nueva imagen, saber de los aciertos e indagar sobre los errores cometidos. La evaluación debe dar lugar a un listado de atributos y actitudes que deben ser conservadas y otras que deben ser corregidas.

La evaluación se realiza no sólo al final del proceso de construcción de imagen pública, sino a lo largo del mismo proceso. Se puede evaluar, por ejemplo, la claridad de los objetivos, la calidad y profundidad del diagnóstico realizado, la conceptualización, diseño, producción y difusión de la imagen, así como la misma pertinencia y profesionalismo en la evaluación realizada.

h. Retroalimentación

De los resultados obtenidos en la evaluación, se desprende una serie de recomendaciones y sugerencias para perfeccionar la nueva imagen, mismas que deben ser puestas en operación. La retroalimentación implica la humildad del individuo para aceptar los errores y la apertura para poder incorporar nuevos atributos y aspectos concretos que mejoren su imagen.

La retroalimentación implica, además, el hacer correcciones pertinentes, el poder corregir el rumbo, el fijar nuevos derroteros, el regresar, incluso, a la imagen anterior, dependiendo de los resultados que haya arrojada la evaluación en comento.

La retroalimentación debe hacerse cuidando los tiempos y las formas, de tal manera, que se logre alcanzar los objetivos propuestos. Los tiempos y formas son muy importantes en política, por lo que deben ser atendidos con sensibilidad y oportunidad.

i. Nueva imagen

El proceso de construcción de imagen pública concluye con la nueva imagen, misma que ha sido conceptualizada, diseñada, producida y difundida de manera intencional. Esta intencionalidad es lo que marca la diferencia entre la construcción de imagen tradicional y la nueva concepción, basada en un procedimiento deliberado, calculado y ejecutado de manera cuidadosa.

La nueva imagen incluye desde la creación de un personaje, un nuevo discurso o un nuevo posicionamiento, logrando un nombre que llame la atención y sea recordado con facilidad hasta el reforzamiento de las estrategias para reinventarse constantemente, pero conservando siempre la consistencia de los rasgos más importantes y distintivos de la nueva personalidad.

Una nueva imagen no es fácil de construir, pero con la persistencia, el esfuerzo y la dedicación, seguramente se alcanzarán los objetivos propuestos. Los obstáculos siempre estarán presentes, siempre habrá problemas y dificultades, por lo que lo más importante es no perder de vista los objetivos trazados, ni el rumbo ni la dirección.

La nueva imagen debe incluir una nueva actitud hacia la vida, nuevas formas de comunicar tu nueva personalidad, cambios no sólo en forma (ropa, limpieza, cuidados faciales, etc.), sino también de fondo en los valores, los principios y las acciones cotidianas. La vieja imagen siempre querrá aflorar, estar presente, sobreponerse a la nueva imagen, por lo que sólo la fuerza de voluntad y la misma automotivación serán tus dos principales armas para seguir adelante.

3. Consideraciones finales

En política la imagen es la realidad, lo que los ciudadanos perciben de nosotros, no lo que nosotros somos. Es decir, hay una diferencia entre la vida real y la percepción que los demás tienen de nosotros. De ahí la importancia, de buscar que los demás nos perciban de acuerdo a nuestros objetivos e intereses y no de acuerdo a las formas en los que, muchas veces, nuestros adversarios quieren que nos perciban.

El método VAZA nos ayuda a concebir, crear y perfeccionar nuestra imagen, porque es un procedimiento creado *ex profeso* para cumplir con este propósito. El objetivo de este método es la construcción de una nueva imagen, con una visión de futuro, una forma diferente para que los demás nos identifiquen, nos escuchen y puedan ser persuadidos por nosotros.

La imagen es un elemento muy importante en nuestros tiempos, producto de la interrelación social, misma que se ha convertido en un activo estratégico, en un factor real de poder en las sociedades modernas. El tener una buena imagen, el ser percibido por los demás como nosotros queremos, se transforma en una ventaja competitiva que resulta ventajosa en toda sociedad democrática. De ahí, la importancia de usar y adaptar el método VAZA a nuestra realidad. Sin duda, quien lo use estará siempre un paso más delante de aquellos que los desconozcan o lo rechacen.

IMAGEN Y CAMPAÑAS ELECTORALES

En la época de las telecomunicaciones y la democracia electoral, el manejo de imagen de un político es tan trascendental para su carrera como lo es la misma capacidad organizativa. De nada sirve ser un gran activista político, un organizador de masas o un hábil operador, si la imagen pública que trasmite es mala, pobre o mediocre. De entrada es necesario saber que la gente emite su voto a partir de la percepción que se forma de los candidatos y los partidos que los postulan. De ahí que el perfil ideal y la imagen de un candidato a puesto de elección popular, tenga que ser estudiada, analizada y mejorada para buscar avanzar los objetivos de poder.

De acuerdo a Víctor Gordoa, quien más ha trabajado el tema, "la imagen es la figura, representación, semejanza y apariencia de una cosa. La imagen pública es la imagen colectiva que de un individuo se tiene en un tiempo y lugar determinado". En política, la imagen es la representación, o proceso físico-psicológico, que se hace el elector respecto de un partido o candidato. La imagen del candidato es la manera como es percibido, no necesariamente como es en realidad.

La imagen de un candidato es la percepción que tienen los ciudadanos de su carácter interno, una impresión construida a partir de su apariencia física, estilo de vida, porte, carácter, acciones, conducta y sus modales.

En un proceso electoral, el candidato es el centro de la atención, es el recurso más valioso, por que sólo él puede realizar algunas de las actividades, como apariciones personales en los medios de comunicación, participar en debates públicos, llevar a cabo conferencias de prensa y encabezar mítines, entre otros. De ahí que su imagen tenga que ser cuidada, cultivada, reforzada y/o construida.

El manejo de imagen le ayuda a ser exitoso en la intrincada vida política, aunque, es importante aclararlo desde un inicio, no le asegura de por si, el triunfó electoral.

El tema de la imagen pública es complejo y el atreverse a dar consejos para mejorarla resulta delicado y pretencioso. Además, la imagen es algo tan intangible, tan fugaz, relativa, dinámica y misteriosa, que resulta poco menos que imposible dar consejos para desarrollarla o mejorarla. Sin embargo, me he atrevido a escribir sobre la temática buscando el perfeccionamiento ético de nuestros políticos, tratando al mismo tiempo, de rescatar la era de la política de la elegancia, o la que yo llamo de la alta política.

La Imagen del Éxito

1. La primer idea que debemos manejar es que la imagen es percepción. Es decir, es la forma en que el ciudadano nos percibe. Todos los candidatos a

puesos de elección popular tienen, de hecho, una percepción que puede ser buena, regular o mala. Esta imagen puede estar asociada con los términos capacidad, honestidad, responsabilidad y trabajo o con sus antípodas. Una buena imagen está asociada también a la eficiencia y ésta se relaciona automáticamente con calidad, seriedad y poder. De ahí que, un buen político debe trabajar en mejorar la percepción que las masas tienen de su persona.

2. La imagen pública se forma gracias al esfuerzo constante, la inteligencia de sus acciones y el raciocinio de su proceder. Es decir, nadie nace de antemano con una buena o mala imagen pública, sino que se adquiere en base a su proceder. Puede nacer con un buen o mal apellido, con riquezas o pobrezas, pero la imagen que emite a la sociedad se forja gracias a sus acciones. De ahí la importancia de pensar sus acciones y actuar con inteligencia.

3. La imagen pública se define, principalmente, en base a tres factores fundamentales: las características físicas, intelectuales y emocionales. Trate de buscar un equilibrio entre ellas. Todas son importantes, pero en política las características intelectuales y emocionales son mucho más apreciadas que las físicas.

4. Una buena imagen se gana gracias a la acumulación de los pequeños buenos detalles. En otras palabras, el "camino al cielo," se recorre gracias a las pequeñas acciones. Fije objetivos concretos y alcanzables, trabaje disciplinadamente para alcanzarlos.

5. La ley de la política es ser conocido. Un político no es tal si no ha sido visto lo suficiente, o citado a menudo su nombre. Por ello, debe hacer lo necesario para aumentar sus relaciones y los contactos con otros políticos, con los medios de comunicación, con los grupos de interés y con los intelectuales.

6. De la vista nace el amor. Un adagio popular señala "Santo que no es conocido, no es venerado." La gran mayoría de las decisiones las hacemos por los ojos. Maquiavelo decía que "generalmente los hombres juzgan por lo que ven y más bien se dejan llevar por lo que les entre por los ojos que por los otros sentidos… y pudiendo ver todos, pocos comprenden lo que ven."

7. Una buena reputación se gana usando el sentido común para acercarse a la gente, para tratar de resolver sus problemas, para visualizar el futuro y satisfacer las expectativas sociales.

8. Tanto importa la reputación que puede decirse, parafraseando al cardenal Richelieu, que hay quienes hacen más cosas con su solo nombre que otros con sus ejércitos.

9. Una buena imagen no puede ser comprada. Puede gastar millones en los medios de comunicación o pagando gacetillas y periodistas para tratar de construir una buena imagen. Sin embargo, su personalidad, sus acciones y omisiones pueden jugar un peso más importante.

10. La imagen de un político no es para siempre. Una imagen puede deteriorarse, no importa cuanto tiempo la venga cuidando, en un momento de descuido puede desbaratarse. Muchos políticos han llegado al poder gracias a su buena imagen, pero una vez en la oficina, sus acciones y excesos han terminado por arruinarlos. De ahí que para ser un buen político se tenga que actuar con consecuencia trascendiendo el limbo temporal de las campañas.

11. No se "queme" por tan poco. Es decir, nunca cambie su reputación por beneficios a corto plazo. Piense sus acciones y compromisos. Usted puede llegar muy lejos, pero lo corto de miras, puede limitar su progreso hacia el futuro.

12. La imagen se hace, no nace. Se requiere creación, manejo y control de una imagen pública. La imagen es producto de los estímulos recibidos a través de los sentidos, los cuales también incitan a actuar. Usted puede mejorar su imagen, lo que necesita es el autoanálisis, la meditación y el propósito de mejorar.

13. La imagen es resultado. La imagen produce un juicio de valor en quien la concibe, por lo que su opinión se convertirá en su realidad. Puede ser una realidad ficticia, pero es lo que la gente ve o quiere ver de Usted. Si es candidato a presidente, lo primero que debe parecer es presidente.

14. En política la percepción es la realidad. La imagen se convierte en la identidad de quien ha sido percibido y una vez otorgada, esta identidad se convertirá en la verdad particular de quien la ha percibido. Es decir, la imagen es percepción que se convierte en la identidad y con el tiempo en la reputación. Trate de ser percibido como una persona afectiva, carismático, confiable, ingenioso, dinámico, enérgico, generoso, gentil, feliz, honrado, amable, modesto, optimista, capaz, letrado, culto, sensible y propositivo.

15. Cría fama y échate a dormir. La reputación es la opinión que la gente tiene de una persona o cosa. De hecho, ya el mexicano tiene una mala reputación de los políticos, por lo que se tendrá que esforzar de más para construir una buena imagen pública. El altruismo, la filantropía y las acciones caritativas son buenos medios para construir una buena reputación.

16. Es inevitable tener una imagen. Todos tenemos una imagen: buena, mala o regular. Si la imagen es mala trabaje para mejorarla. Si es buena, luche por conservarla. Si es regular, hay muchas cosas que puedes hacer.

17. Los primeros siete segundos son los que constituyen el momento crítico en la que se causa la primera impresión. Esta primera impresión es la que cuenta. Después será muy difícil hacer que la gente cambie de opinión. Por ello, en cualquier presentación pública trate de ganarse el auditorio en estos primeros momentos.

18. "Corazón mata cerebro." La gente decide mayoritariamente basada en sentimientos. Sus emociones juegan un papel muy importante en la toma de decisiones. Es decir, la habilidad para tomar decisiones está gobernada más por las emociones que por la razón. Cuando en público, maneje discursos emotivos que, seguramente, le redundarán buenos dividendos políticos.

19. En consecuencia, las decisiones políticas las toma el corazón no la cabeza. La mente emocional decide y pone en acción al resto del organismo, sin detenerse a pensar en el qué y el por qué está haciendo algo. Los seres humanos deciden 85 por ciento en sus sentimientos y sólo un 15 por ciento restante en sus pensamientos.

20. El que madruga, dios le ayuda. Para mejorar su imagen verbal recuerde que son siete minutos el tiempo en la que la gente escucha sin distracción. En los actos públicos, trate de ser, más que el último orador, uno de los primeros para asegurar que su mensaje sea bien recibido y atendido.

21. En política, las cosas son lo que parecen. La imagen cuenta más que la realidad. La imagen que proyecta puede ser su fortuna o su desgracia. De ahí la necesidad de tener siempre presente en todos sus actos y decisiones sobre los efectos que tendrán en su reputación y su futuro.

22. La imagen siempre es relativa. Como persona o amigo puede proyectar una muy buena imagen, pero no como político. Realice una auditoria de imagen. Si es necesario, acérquese a un consultor de imagen pública. Pida asesoría profesional.

23. La imagen es dinámica. Una imagen deteriorada puede mejorarse y una buena imagen puede deteriorarse. Si su reputación social no es buena, no se desanime, no hay peor lucha que la que no se hace.

24. Construir una imagen no, necesariamente, es equivalente a falsear la realidad. En política la percepción de las masas es muy importante. Valore su imagen como el bien más preciado que tiene, sin llegar al esnobismo.

25. La imagen está condicionada al contexto y la coyuntura. En un escenario, la imagen que posee será su mejor aliado, pero en otros puede ser su peor enemigo. La imagen pública no es el hombre entero, total, de carne y hueso, sino las dimensiones de su personalidad. Es, como decía Ortega y Gasset, él y sus circunstancias.

26. Una buena imagen se forma cuando actuamos con seguridad en nosotros mismos, cuando transmitimos confianza y sentido de responsabilidad. Para convencer a otros, primero debemos estar convencidos nosotros mismos. Se tiene que predicar con el ejemplo y actuar en consecuencia.

27. Defina con claridad los objetivos de imagen pública que quiere formar. Por ejemplo, la humildad y sencillez es bien vista por los electores. Un político también necesita carácter, transmitir sentido de responsabilidad, mesura y, sobre todo, de honestidad. Una imagen basada en los más altos principios humanos, en el deseo de servir al prójimo, seguramente le redituará altos dividendos políticos.

28. Use la creatividad para generar una buena imagen pública. Las ideas deben ser útiles y pragmáticas. Crear una imagen es un proceso racional que demanda creatividad, conocimientos, sensibilidad, trabajo, disciplina y dinero.

29. La política es imagen y ésta se forma, en gran medida, por la propaganda. En la época actual, un político es más producto de la propaganda que del trabajo de base y labor comunitaria. Use cuanto medio esté a su alcance para difundir su obra, su trayectoria y sus ideales. Recuerde que la propaganda es el conjunto de técnicas y medios de comunicación social tendientes a influir con fines ideológicos en el comportamiento humano.

30. La propaganda moldea la percepción de la audiencia. Úsela en cada oportunidad que se le presente, no importa que lo etiqueten de protagónico.

31. Siempre trate de ganarse a la opinión pública a su favor, pero no cambie radicalmente de postura. La política del gatopardismo o del Tílcuate de Juan Rulfo más que beneficios, le puede traer innumerables perjuicios.

Imagen y Campañas

32. En cierto sentido, las campañas políticas en la época moderna no son sino guerras de percepción, guerras de imágenes y de mensajes propagandísticos.

33. El candidato representa la imagen del partido, es quien cumple o no con las expectativas de los ciudadanos y será elegido siempre y cuando emita la imagen que represente la satisfacción de las necesidades y esperanzas de los electores.

34. La imagen de los partidos políticos permea la de sus candidatos. Muchas veces, los resultados electorales son la cosecha de la mala o buena imagen que tiene la formación política que lo postula. A veces es un buen candidato, pero le falta partido. En otras, es un buen partido, pero le falta candidato. Lo

ideal es trabajar en construir una buena imagen del partido y una del candidato.

35. La imagen de un partido en el poder, irradia sobre la imagen del candidato. De igual forma, la imagen de candidatos de un partido generalmente se asocia a anteriores candidatos y servidores públicos. Si su antecesor goza de mala reputación, promueva el cambio. Si es bien aceptado, hable de continuidad.

36. Muchos electores votan por la experiencia del pasado no por las promesas del futuro. Es decir, una imagen gubernamental deteriorada generará muchos votos de castigo por parte del elector. Si se cree castigado, sea paradigmático y fomente una nueva época en las acciones políticas.

37. Aunque la Mona se vista de seda, Mona se queda. Una vez creada la mala reputación, la gente difícilmente creerá que puede cambiar la esencia del candidato. Sin embargo, la política del distanciamiento, la autocrítica y la ruptura algo pueden ayudarle.

38. Para generar una buena imagen, un político debe tener control de sus impulsos, debe mantener la serenidad ante situaciones críticas, debe actuar siempre con objetividad y poseer una gran seguridad en sí mismo.

39. Un buen candidato debe transmitir la imagen de un buen líder, que inspire confianza y respeto, que posee el don de mando y la capacidad de dirección.

40. Una característica primordial de un gran político es la capacidad de iniciativa, de pensar en ir adelante. Promover innovaciones, tomar decisiones acertadas, resolver conflictos, inspirar confianza. Como político de vanguardia tenga el valor de innovar.

41. Para obtener una buena imagen pública, el político debe actuar con optimismo, encontrando el lado positivo de todas las situaciones. El optimismo va de la mano con una actitud positiva que se traduce en alegría, gentileza y amabilidad para con los demás. Un político déspota y pesimista, nunca será un buen político.

42. La democracia implica para el político tolerancia, diálogo y apertura. Quedó atrás la época en que la arrogancia, la altivez y el orgullo eran elementos indispensables en la personalidad de los políticos. Recuerde que un político altivo y altanero, terminará, más temprano que tarde, en el acantilado de la desgracia.

43. La imagen de un político se mide en la toma de decisiones. Trate de ser consecuente en su acción, cumplido con lo pactado, respetuoso de los demás, discreto y justo en su accionar. Un buen político también debe tener

un don de mando, sabe decidir y lo que debe hacer basado en la razón, la justicia y la equidad.

44. Un buen político aprende a trabajar en equipo, fomenta la convivencia, reconoce y premia el esfuerzo particular. Un buen político escucha, impulsa, educa y aprende continuamente. Reconoce deficiencias y aprende de los demás. Está abierto a la crítica, reorienta sus acciones y actúa con responsabilidad.

45. No hay nada más dañino para su imagen que los excesos. Evítelos siempre.

46. Un buen político mira el futuro, no pierde su mirada en el pasado.

47. La socioempatía y la imagen pública son hermanas gemelas. La empatía social es un compromiso bidireccional con el ciudadano, es el deseo de comprender sus necesidades y encontrar la respuesta más adecuada. La empatía implica una buena imagen de servicio y apoyo hacia la población.

48. Una de las cuestiones más importantes de todo candidato, es proyectar credibilidad ante el elector. Prepare todas sus presentaciones públicas y hágalo con naturalidad y profesionalismo. Usted debe mentalizarse en que si puede.

49. La imagen pública se constituye por el prestigio, fama, mitos, anécdotas y rumores que influyen en la opinión pública. De hecho, Usted ya tiene una imagen. Por ello, es necesario hacerse una evaluación sobre la imagen que actualmente tiene o proyecta, para diseñar sus acciones futuras a seguir.

50. Un buen político evita en lo posible la demagogia. Se conduce con sencillez y humildad, evitando la prepotencia y la ostentación.

51. El elector vota de acuerdo a la imagen que percibe de los candidatos, los partidos y la política en sí. Cuatro virtudes se admiran más de un político: su lealtad, su honradez, su disciplina y su capacidad.

52. La imagen de su familia y equipo de campaña también cuenta mucho en la opinión de los electores. Usted puede gozar de buena reputación, pero sus principales colaboradores pueden arruinar toda su campaña. Por ello, lo indicado es reclutar colaboradores honestos, confiables y que gocen de buena o aceptada reputación.

53. Su imagen está sujeta a las debilidades y fortalezas humanas. Sin embargo. Usted debe saber que las campañas duran poco tiempo, el cual debe aprovecharse para perfeccionar sus habilidades de comunicación interpersonal, mejorar la telegenia, afinar su voz, mejorar la habilidad para polemizar, aumentar la capacidad para resistir y responder a los ataques.

54. En política es mejor transmitir una imagen pública de retador que de defensor. Sin embargo, su estilo de retador no lo debe radicalizar tanto, sino más bien tiene que moderarlo. Durante la elección interna del PRI, para las elecciones del 2000, Roberto Madrazo, por ejemplo, apareció como el retador del sistema, el crítico del modelo económico y el renegado de los viejos estilos de hacer política, lo que generó amplias simpatías.

55. Si Usted está en la oposición, su papel debe ser de retador, de crítica, de ataque, resaltando necesidades de modo que los electores empiecen a pensar que el partido en el poder no ha sido efectivo. Su objetivo es crear conciencia de la necesidad de cambio. Si su partido está en el gobierno, su discurso debe magnificar la obra, resaltar los logros, minimizar los errores y desaciertos, mostrar símbolos de poder, restar credibilidad a la oposición y advertir de los riesgos del cambio.

56. Siempre es recomendable regionalizar las campañas y la imagen que se presente. En un país multicultural, un candidato debe contar siempre con un asesor de imagen pública, para estudiar a los electores, su cultura y la forma que le gusta verlo. Recuerde que en algunos lugares un traje es una barrera de comunicación, pero en otras un sombrero provoca simpatías.

57. Métase en su mente que en la medida en que las personas acepten la imagen de un candidato, estarán dispuestas a escuchar sus propuestas y eventualmente, dar el voto a su favor.

La Imagen Física y "Buenas" Costumbres

58. Como te ven te tratan. Estar en buena forma física comunica energía, eficiencia y alta autoestima. Esfuércese por estar en forma, cuide su alimentación y practique algún deporte. La complexión física también es muy importante. Cuide con esmero su salud física y mental y así mejorará su imagen

59. Los candidatos "atractivos" son aquellos en quienes los votantes ven las cualidades que desean ver en los funcionarios públicos y líderes políticos. En este sentido, los candidatos con un mejor físico tiene de antemano ventajas sobre los candidatos "feos." Sin embargo, la belleza física por si misma no es garantía de triunfo, sino está unida a otro tipo de cualidades. Por ello, el perfil del candidato ideal es aquel que presente buena imagen física y tenga prestigio, sensibilidad y reconocimiento social.

60. Vista con elegancia. Como decía Azorín, "el fin que persigue el arte en el vestir es la elegancia. Pero la elegancia es casi una condición innata, inadquirible. No está en la maestría del sastre que nos viste, está en nosotros. Está en la conformación de nuestro cuerpo; en los movimientos; en

la largura o cortedad de los miembros; en el modo de andar, de saludar, de levantarse, de sentarse."

61. Vista pulcra y elegantemente. No necesariamente debe gastarse una fortuna si sabe combinar su ropa y la adquiere en promociones especiales. Use traje oscuro para transmitir autoridad. Una camisa de colores o rayitas comunica accesibilidad. Nunca use joyas ostentosas. Un excelente calzado realza toda la indumentaria.

62. Un fistol y una pluma fina es símbolo de autoridad y poder. Use siempre corbatas finas y aprenda el arte de la combinación de los colores. Recuerde que toda imagen es persuasiva, sin embargo el uso adecuado del color y la forma reafirman esa persuasión.

63. Cuando esté en un banquete, coma lentamente y use con propiedad los cubiertos. Recuerde que Usted está en la mira de todos los asistentes. La buena educación y finos modales siempre lo deben acompañar.

64. Cuide su forma de caminar y la postura. Una mirada muy abajo, refleja inseguridad, temor, deshonestidad. Mantenga la vista ligeramente hacia arriba, la cara un poco alzada, pero no mucho porque lo contrario refleja inaccesibilidad o arrogancia.

65. Es importante su gesticulación y el uso de sus manos. Los ademanes deben complementar su mensaje verbal. La gente no confía en Usted sino puede verle las manos cuando habla. En consecuencia, mantenga limpias y atractivas sus manos.

66. El uso de la vista es muy importante. El contacto visual significa vencer el miedo de conocer y dejar que nos conozcan. Nadie va a votar por Usted, sino es capaz de sostenerle, por un momento, la mirada a los ojos.

67. Un apretón de manos firme, puede significar un cambio de actitud y un voto de apoyo. Los electores quieren sentirse importantes. Para ellos, es anecdótico y atractivo el que un político los haya saludado personalmente. Salúdelo firmemente, pero recuerde ¡ni tanto que queme al santo, ni tanto que no lo alumbre!

68. En política como en la vida, la limpieza es muy importante. Trate siempre de presentarse higiénico, más si lo hace públicamente. Cuide cualquier detalle, su pelo, sus manos, su ropa, el perfume que usa, los anteojos, así como calidad de los productos. Recuerde el adagio popular que afirma "como te ven, te tratan."

69. Proyecte energía y vitalidad. Un candidato fuerte, vigoroso, persuasivo, capaz de imprimir energía y vitalidad al trabajo, entregado por completo a la campaña, es la mayor garantía de éxito.

La Imagen Audiovisual

70. En la era de la videopolítica, el manejarse con soltura y profesionalismo frente a las cámaras es una garantía de éxito. Todo buen político debe dominar el arte de hablar frente a los medios de comunicación. Capacite y sea competente para ser exitoso frente a los medios.

71. La construcción de la imagen pública es la decisión más importante que un político de nuevo cuño puede hacer en un escenario de alta competencia política. Las campañas en la época de la videopolítica se hacen, en gran medida, gracias al uso intensivo de los medios de comunicación, principalmente los electrónicos. Por ello, trabaje arduamente para mejorar su imagen pública, sin caer en la falsedad y la hipocresía.

72. La virtud y la fortuna son dos aspectos que marcarán su porvenir. Si tiene la oportunidad de salir en los medios, la fortuna ya lo ha acompañado, ahora falta que Usted haga uso de su virtud. Usted debe entender que la reputación de los políticos está, en gran medida, en manos de los comunicadores, por lo que debe cultivar las más finas y cuidadosas relaciones.

73. El hablar frente a las cámaras, inunde la sala de luces. Hable en tal lugar donde la luz le dé de frente en el rostro, para que se puedan apreciar sus gesticulaciones. Este quieto, no haga movimientos nerviosos, pues su inquietud sólo delata su inseguridad.

74. Debe evaluar la forma de dar información a los medios y la forma como se percibe por el auditorio. Grávese y analice los videos. Trate de conocer como la gente lo ve a través de los medios y como Usted se ve. Evite la voz impostada, si es necesario modular la voz, hágalo pero trate de hablar con naturalidad como si estuviera en casa.

75. Siempre se debe preparar la conferencia de prensa con mucha anticipación. Es importante que Usted esté muy preparado y sepa para qué está allí. Ante la pregunta de los periodistas, no dé rodeos, vaya directo al grano. Empiece siempre por lo más importante, ya que lo más importante es lo que le interesa a la gente.

76. No es bueno para un político darle consejos a la prensa sobre lo que debe hacer o entrar frecuentemente en conflicto con los personajes de los medios de comunicación, tratando de señalarles posibles desviaciones o deseables caminos. Hay que saber que la prensa juega un rol en la sociedad y como periodistas también tienen intereses, filias y fobias políticas.

77. Recuerde que en los primeros segundos de su intervención se juega el destino de su entrevista en televisión. Preocúpese por ello y logre atrapar la atención del auditorio. Trate de mostrar ante el auditorio una gran capacidad de manejo y de conducción. Sí está angustiado comunicará angustia, si está relajado comunicará mejor su mensaje.

78. Frente a las cámaras, hable claro, diga las cosas con precisión, no tenga miedo use un promedio de frases cortas, construcción directa. Use ejemplos o metáforas que permitan al televidente ver las cosas con mucha claridad. Hable en encabezados, use frases cortas e ideas poderosas.

79. Sea interesante y entretenido. Trate de ser doctoral en su exposición. Trate de imitar a los locutores profesionales. Sepa que se está comunicando con un público, generalmente, indiferente y apático a los temas políticos.

80. Muestre entusiasmo, convicción y trate de transmitir ese entusiasmo a los demás. Nadie convence a los otros, sino parece estar convencido. Recuerde que las emociones son contagiosas. Emocione a su auditorio a partir de su propia emoción.

81. Hable respetando a los demás. Ante preguntas difíciles o provocadoras, conserve la calma y mantenga siempre la ecuanimidad. Jamás pierda la cabeza ante preguntas insultantes. Trate de sortear los cuestionamientos difíciles y siempre sonría. Recuerde que su imagen y su actitud ante la adversidad es lo más importante que debe cuidar.

82. Trate de caer bien. Recuerde que los medios seguramente han cortado su discurso, pero lo que importa es la impresión que uno deja en miles de tele-escuchas. Recuerde que la política es el arte de saber gestionar los afectos de la gente.

83. Base su exposición en hechos reconocidos y valores aceptados. No contradiga innecesariamente a los demás. No pida disculpas por pensar como piensa, ni esconda su manera de pensar, por que eso le quita credibilidad desde el comienzo.

84. Muestre siempre una buena actitud. Cuando el periodista le pregunte, mírelo y cuando usted hable mírelo también como cuando ve a un amigo, que lo quiere convencer de algo. Recuerde que Usted asiste a una entrevista para comunicar un mensaje, no necesariamente para responder preguntas.

85. Vista con propiedad para una conferencia de prensa. Recuerde que si usted lleva un saco de cuadros extraño, lo que la gente va a ver es el saco y va a comentar más acerca de su vestimenta que de Usted. A la televisión vaya de camisa blanca, gris o celeste que se aprecia mejor en las pantallas.

86. Recuerde que el elector vota de manera más creciente por el candidato y la imagen que proyecta. Sepa Usted que la imagen se moldea y forma, en gran medida, por el trabajo de los profesionales. Hágase asesorar por quien sabe y tiene experiencia en el tema. Hitler tuvo su imagólogo personal, quien se ponía ante él y le enseñaba pacientemente los gestos que debería hacer durante sus discursos para fascinar a las masas. El dictador no sabía mover las manos. Fue gracias a su imagólogo que aprendió a utilizarlas para reafirmar las palabras de sus discursos y así poder convencer a las multitudes.

87. Recuerde que a los electores les importa los precios, la educación de sus hijos, la seguridad pública, el salario, la salud y todo lo que atañe a la vida de ellos. Háblele a la gente de los temas que le interesan y en sus propias palabras. Como dijo un campesino, ¡Al grano y sin rodeos!

88. La personalidad que Usted proyecte contribuye más al éxito en la vida, que la inteligencia que posea. Sin embargo, recuerde que la popularidad es casi siempre precaria, e incluso efímera.

89. Necesita proyectar en las cámaras un temperamento amable, benévolo, bondadoso, afable, condescendiente, afectuoso, cordial e inteligente. Pero recuerde, la reputación e imagen que proyecta, si bien es sumamente importante, no basta para ser exitoso en la política.

90. La audacia y visión de estadistas son también muy importantes. El contacto con la gente, el bañarse de pueblo y el arraigo son quilates en la política. Recuerde que no hay mejor estrategia para impactar al elector que saludarlo por su nombre y mirarlo a los ojos. El contacto directo sigue siendo la estrategia más poderosa de persuasión.

91. La imagen pública de un político está, de cierta manera, asociada al sentido del humor, a su sonrisa, a su alegría de vivir. Por ello, es recomendable que un político aprenda a sonreír, transmita virilidad, optimismo y alegría por la vida.

92. Sonría con su auditorio, ya que la sonrisa es siempre el medio más importante para transmitir confianza. Usted sabe que la crítica fundamental a Cuauhtémoc Cárdenas en la elección de 1997 para la jefatura del Distrito Federal fue su tozudez, su rostro seco e impávido. Cuando fue capaz de sonreír, el elector tuvo la confianza de brindarle su apoyo y el triunfo estuvo en sus manos. Un proverbio árabe señala, "si Usted no sabe sonreír, no abra una tienda."

93. Ante cualquier eventualidad conserve la calma y actúe con cautela. No sea alarmista. Durante las crisis o coyunturas especiales salen a relucir las verdaderas fortalezas y debilidades del ser humano. Es, de cierta manera, el

momento de la verdad. No destruya su imagen ante el primer asomo de un episodio de incertidumbre.

94. Un político debe saber que el triunfo no es cuestión de casualidad, sino de tenacidad, de trabajo y disciplina. Recuerde el adagio popular, "el que persevera, alcanza."

La Imagen Verbal

95. Para construir su imagen verbal, decía Quintus Cicerón, tendrá que presentarse "siempre tan bien preparado para hablar como si en cada una de las causas se fuera a someter a juicio tu talento." En sus presentaciones cuide el volumen de la voz, la entonación, la dicción, la integración del auditorio y analice la percepción que de Usted tienen los diferentes públicos.

96. Un político es, en esencia, un buen comunicador. El dominio de la oratoria, el arte de convencer puede ser aprendido. Recuerde que tener una buena imagen verbal es requisito indispensable para triunfar en la política. Hay que saber comunicar nuestra imagen y nuestras emociones.

97. Siempre que tenga la oportunidad de hablar en público, emita un mensaje claro, sincero, corto y emotivo. Recuerde que lo bueno cuando es breve, es dos veces bueno. En comunicación lo menos, es más.

98. Antes de hablar en público fije objetivos claros y precisos con su participación. Escoja un tema o dos de los que pueda hablar con propiedad, hágalo con respeto, profundidad y decisión. Trate de mover los sentimientos benévolos del auditorio.

99. Los electores son hombres plásticos, sentimentales, maleables, que pueden ser moldeados de acuerdo a las habilidades de los grandes políticos. Tóquese el corazón cuando está hablando de sentimientos, hable de los más grandes ideales del hombre y de las pretensiones de mejoramiento y esperanza para los electores.

100. La repetición es un arma de la comunicación de masas que siempre se debe utilizar. Joseph Goebbles decía que una mentira dicha mil veces se convierte en verdad. También hay que ser reiterativos porque la gente olvida muy fácilmente. Ante auditorios distintos, no tema repetir. Su equipo de campaña, posiblemente se aburrirá, pero los electores necesitan conocer en su amplitud su propuesta de gobierno y su programa de trabajo.

101. Un buen orador es aquel que estimula la imaginación del auditorio, hace un recuento de la historia, utiliza frases célebres, pensamientos universales, recuerda anécdotas y llama a la acción. Recuerde que el dominio de la elocuencia hace hombres superiores; vuelve segura, honrosa, brillante y alegre la vida. El lenguaje metafórico es altamente persuasivo.

102. Hable con elegancia y precisión. No permita que su pobreza del lenguaje lo delate, encasille o clasifique en el equipo de los mediocres. Recuerde que a un político se le aprecia y clasifica por cuatro cosas: por lo que hace, por lo que parece, por lo que dice y por la manera en que lo dice.

103. Al preparar su discurso trate de explotar los motivos que hacen actuar al hombre: el deseo de lucro, de conservación, de placeres, el orgullo, los sentimientos, las emociones, los deseos, los afectos, los ideales, la religión, la justicia, la piedad, el perdón y el amor.

104. Coma lo necesario antes de hablar. Hable con energía, recuerde que la energía es magnética para las masas. Hable con entusiasmo contagioso. Pronuncie sus discursos con frases que creen imágenes, con palabras que pongan como figuras delante de los ojos.

105. En política, como decía Don Jesús Reyes Heroles, la forma es fondo. De ahí que la forma en que presenta sus ideas tiene mucho que ver en cómo éstas pueden ser recibidas. En auditorios políticos, mítines o asambleas comunitarias es más recomendable no leer sus discursos, mejor prepararse y luego hable en forma espontánea. En auditorios académicos, es más recomendable leer, alejándose de la improvisación y la vulgaridad. Recuerda que lo importante no es lo que dices, sino el cómo lo dices.

106. Una máxima de la política es que la imagen es un factor real de poder. A mejor imagen, mayor poder de influencia. Si tiene buena imagen, el público lo escuchará con atención y lo apoyará en sus propuestas. Si su imagen es mala, muy seguramente lo ignorará. La imagen ha logrado una victoria histórica sobre la ideología.

107. El nerviosismo es un factor que trabaja en contra de sus objetivos, trate de controlarse. Si se siente nervioso respire profundamente, retenga por unos segundos el aire en sus pulmones y exhálelo con fuerza. La logoterapia es una buena técnica que ayuda a vencer los miedos escénicos y la agorafobia.

108. Finalmente, recuerde que debe saber manejar mejor, que sus adversarios políticos, la imagen pública. Esta es una nueva época, una nueva realidad. Si Usted no tiene la capacidad de manejar con profesionalismo su imagen, los adversarios lo harán por Usted y entonces, los votantes tendrán la imagen que sus opositores le han formado a Usted.

Imagen de Gobierno

1. Introducción

Hemos definido en otros capítulos a la imagen como el conjunto de percepciones, creencias y asociaciones que se forman los individuos producto de su interrelación social. Es una representación mental que se estructura por la interacción entre el emisor y el receptor.

En ámbito de gobierno, la imagen es el resultado de la interacción entre lo que el gobernante proyecta y lo que el ciudadano percibe (Martín Salgado, 2002). Nimmo y Savage (1976) señalan que formamos las imágenes con lo que sabemos sobre la otra persona –sea con información verídica o no- con lo que sentimos hacia ellos y con las expectativas que nos crea.

Toda imagen es pública en la medida que es producto de la percepción que otro individuo tiene de nosotros, por lo tanto no puede haber imagen privada, aunque si auto imagen. Es decir, al ser producto de la interrelación social, la imagen siempre será pública. La imagen es, además, dinámica, relativa y obligatoria. Es dinámica porque siempre está en constante cambio, evoluciona y una vez formada, puede deteriorarse. Ganarse una buena imagen es cuestión de años, perderla es cuestión de minutos. Es relativa porque cada receptor percibe de manera distinta al emisor, dependiendo de su experiencia, conocimiento, capacidad y emotividad. Es obligatoria porque, como seres gregarios que vivimos en sociedad, somos sujetos de percepción por parte de otros.

Es decir, queramos o no, todos los hombres (y las mujeres) somos percibidos (vistos) por los demás y obligatoriamente tenemos una imagen. Siempre la hemos tenido y nunca la dejaremos de tener. Solamente que perdamos nuestros sentidos, perderemos la posibilidad de percibir a los demás. La imagen es la percepción que otros tienen de nosotros y la auto imagen es nuestra propia percepción.

2. Tipos de imágenes

En el campo de gobierno encontramos, al menos, tres distintos tipos de imagen: La personal, la institucional y la profesional. La imagen personal se articula sobre la persona, corresponde al individuo (como sujeto), producto de sus actitudes, carácter, personalidad, cualidades individuales, sentimientos, acciones, formas de comportamiento y estilos personales. La imagen institucional se articula por la institución gubernamental en la que se labora ó a la que se representa. Este tipo de imagen se forma por las acciones, servicios, actitudes, u omisiones del conjunto de individuos que laboran en una dependencia pública, así como por sus instalaciones, equipo e infraestructura. Es una imagen corporativa, de grupo. La imagen profesional tiene que ver con las capacidades técnicas, talentos, experiencias, actitudes y capacidades profesionales de los servidores públicos. Es una imagen más individual.

Se puede reconocer que un individuo tiene una buena imagen personal pero una mala imagen profesional o viceversa. Se dice, por ejemplo, es muy buena persona, pero no está preparada para el puesto que ostenta. O al revés, es muy capaz para desempeñar su función, pero tiene un muy mal carácter. En el caso de las instituciones, la mala imagen personal y profesional de los individuos que laboran en ella, puede irradiar negativamente sobre la imagen corporativa.

La imagen se puede clasificar, además, en cinco subgrupos, que se puede ilustrar en una especie de continum: muy buena, buena, regular, mala y muy mala. Esta clasificación se aplica sobre los tres tipos de imagen antes señalados. Esto implica que la imagen personal, profesional o institucional puede ser muy buena, buena, regular, mala o muy mal.

En cada individuo podemos, también, encontrar una imagen física, una imagen verbal, una imagen audiovisual y una imagen conductual. La imagen física tiene que ver con las características físicas de la persona, su corpulencia, tamaño, grosor, textura de la piel, vestimenta y rasgos distintivos propios de la persona. La imagen verbal tiene que ver con la capacidad del individuo para poder comunicarse con los demás. Implica su capacidad de verbalizar sus pensamientos, emociones y conocimientos, la estética de su lenguaje verbal, la entonación de la voz, las gesticulaciones y el uso del lenguaje corporal. La imagen audiovisual es la que se proyecta a través de la televisión, la fotografía, el video y la Internet. Tiene que ver con la capacidad de poderse manejar adecuadamente frente a los medios electrónicos de comunicación, principalmente la televisión. Finalmente, la imagen conductual se refiere al comportamiento y la conducta del individuo en su relación con los demás.

3. La cultura de la imagen

Hoy día vivimos una cultura que preferencia la imagen sobre otros aspectos de la vida del hombre. En las sociedades modernas, altamente tecnificadas, hay una cultura de la imagen bien arraigada entre la población. No sólo es una cuestión de predominio de la cultura visual, sino una cultura que preferencia la imagen sobre todas las cosas. De hecho, en la competencia entre el ojo y los demás sentidos, siempre gana el ojo. Gorvachov decía que "es preferible ver una vez que oír cien veces". Al respecto, hay varios adagios populares que señalan la importancia de la vista (imagen) sobre otros sentidos. Los más comunes son los siguientes:"Ver para creer", "de la vista nace el amor", "lo vi y lo creí".

En toda sociedad democrática, la imagen se convierte en un medio para construir consensos sociales y afianzar la legitimidad. Una buena imagen de gobierno, además, legitima más a las instituciones públicas, genera respaldo y reconocimiento social. De hecho, en las sociedades democráticas la imagen se constituye en un factor real de poder, que debe ser manejado y tratado de manera profesional. En un mundo tecnificado, dominado por una cultura visual, quien tenga más capacidad para construir una buena imagen, será más exitoso que aquél que no la tenga.

En el ámbito de gobierno, la imagen es, también, muy importante. De hecho, la percepción es más importante que la realidad. La imagen es lo que uno percibe de los demás y no lo que en realidad son. En política importa más como la gente percibe las cosas que las cosas en si mismas (Napolitan y Duran, 2002).

4. La imagen de gobierno

La imagen de gobierno está asociada con las cualidades políticas de sus integrantes (funcionarios y servidores públicos), las actitudes, el estilo, las políticas y las acciones desempeñadas por los gobernantes.

Las cualidades políticas de un gobernante se refieren a su capacidad para comunicarse y persuadir a los demás, su aplomo para enfrentar crisis y momentos de incertidumbre, su carácter para tomar las decisiones requeridas y su habilidad para la construcción de consensos sociales y políticos.

Las actitudes de un gobierno tienen que ver con la disposición para hacer que las cosas se realicen, implica una predisposición positiva y constructiva, la voluntad política para lograr avanzar y reconocer errores. El estilo tiene que ver con la forma personal con que se realizan las cosas. Implica un sello o marca distintiva que hace diferente de otros las acciones de gobierno. Las políticas de los gobernantes son disposiciones generales que permiten orientar las acciones cotidianas. Las políticas dan direccionalidad y rumbo al trabajo del gobernante.

La imagen ideal de un gobernante, como persona, está ligada, además, a su honestidad, carácter, carisma, capacidad, energía, liderazgo, autenticidad, sencillez y capacidad de comunicación. La imagen ideal de un buen gobierno tiene que ver, también, con la capacidad para dotar de los servicios públicos que la ley señala, así como el dotar de seguridad, infraestructura urbana y las condiciones generales para el desarrollo y bienestar de la población. Es decir, la imagen de un gobierno está asociada con la calidad de los servicios que presta, su honestidad y la responsabilidad para llevar a cabo sus tareas.

Un gobernante diariamente tiene que gestionar su imagen, entendida como la impresión que causa a los demás. De hecho, una buena parte del trabajo del gobernante tiene que ver con la gestión de imagen, ya sea inaugurando obras, dando discursos, saludando a la gente, sonriendo o, simplemente, comunicándose con los demás. Por lo tanto, debe cuidar su vestimenta, la pulcritud y cuidado de su cabello, la piel, las manos y su rostro, el tono de su voz, el contenido de sus mensajes, así como las acciones, actitudes y estilos personales.

Una buena imagen o reputación se construye con la acumulación de muchos detalles en un periodo amplio de tiempo. No se forma de la noche a la mañana.

No sólo tiene que ver con capacidades, sino también con actitudes, gestos, estilos, maneras y conductas de los gobernantes.

El gobernante es lo que cree que es. La autoestima y la auto valoración personal juegan un papel muy importante en la percepción que los demás tienen de él. El gobernante es la imagen del gobierno, lo que los ciudadanos perciben de la institución gubernamental y sus actores. Todo gobernante tiene carisma, personalidad e imagen. Cuídelas como su activo más importante.

5. Campaña de imagen

Todo gobierno debe preocuparse por diseñar, auditar, construir y mejorar su imagen. El diseño de la imagen implica, primero, tener claridad de los objetivos de imagen que se quieren alcanzar. Posteriormente, se debe investigar el tipo de imagen que se proyecta y que es percibida por la población. Una vez auditada la imagen, se deben diseñar las estrategias para mejorar la imagen, en caso de así requerirse. A continuación, se deben poner en operación esas estrategias, para finalmente evaluar los logros alcanzados y buscar una retroalimentación, orientada a lograr una mejora en la percepción social.

Cuando el índice de notoriedad e identificación de los gobernantes por los ciudadanos es negativo, se debe impulsar una campaña de construcción y mejoramiento de imagen. El objetivo central de esta campaña es mejorar la imagen del gobernante, ya que toda acción gubernamental desgasta. Los siguientes son los elementos integrantes de un plan para una campaña de imagen.

     a. Realizar una auditoria de imagen (análisis FODA) ¿Cómo te perciben?
     b. Definir objetivos de imagen ¿Qué se quiere lograr?
     c. Escoger las Estrategias (tácticas). ¿Cómo hacerlo?
     d. Diseñar e implementar el Plan de acción ¿Qué hacer?
     e. Presupuestación ¿Cuánto cuesta?
     f. Evaluación ¿Cómo se hizo?
     g. Retroalimentación ¿Qué se puede mejorar?

6. Recomendaciones para articular una muy buena imagen de gobierno

a. Todo es juzgado por la apariencia. En política las cosas son lo que parecen. El gobierno no sólo debe ser eficiente, debe, también, parecer eficiente. Al respecto, Julio César decía "la mujer del Cesar no sólo debe ser honesta, sino que tiene que parecerlo."

b. Lo que no se ve, no cuenta; se considera inexistente. La ley de la política es ser conocido. Un gobernante no es buen gobernante sino ha sido visto lo suficiente o citado a menudo su nombre. Trate de que la gente hable de Usted, no importa lo que digan. El huevo no sólo hay que ponerlo, sino también hay que cacarearlo. Recuerde que es preferible ser difamado y agredido que ignorado (Greene, 1998). En política lo único que necesita para asegurar el éxito es la notoriedad. Pietro Aretino decía que "incluso cuando se realiza una manifestación en mi contra, obtengo mi cuota de renombre".

c. Greene (1998) dice que el político debe atraer la atención a toda costa y debe parecer enigmático y misterioso. Creé un aire de misterio y enigma en torno a su persona. Para convocar una multitud hay que hacer algo diferente y extravagante, algo que le de notoriedad. Sin embargo, no se muestre nunca demasiado ansioso de recibir atención, dado que es una señal de inseguridad y la inseguridad ahuyenta el poder.

d. En el gobierno tanto importa su imagen que puede decirse que hay quienes hacen más con su sólo nombre que otros con sus ejércitos.

e. Nicolás Maquiavelo decía "generalmente los hombres juzgan por lo que ven y más bien se dejan llevar por lo que les entra por los ojos que por los otros sentidos... y pudiendo ver todos, pocos comprenden lo que ven."

f. La imagen de un gobernante no nace, se construye. Esto implica la capacidad para poder comunicarse con los demás y saber construir una marca distintiva como persona y como institución.

g. La imagen es resultado. Depende de las acciones, actitudes, comportamiento, resultados y percepciones en el ejercicio de gobierno. Si usted es presidente lo primero que tiene que parecer es un presidente.

h. En los primeros siete segundos es cuando se causa una primera impresión y se forma una imagen de los demás. Aproveche siempre esos segundos, ya que una vez formada una imagen es difícil cambiarla.

i. Nada hay más dañino para la imagen del gobernante que los excesos. Evítelos siempre.

j. La imagen es poder, la comunicación de esa imagen genera poder. La imagen que se debe comunicar debe ser única, consistente y permanente.

k. El gobernante requiere cada día del apoyo de la gente (Dick Morris). Vive, por lo tanto, de la necesidad de construir una mayoría diaria, renovando y fortaleciendo constantemente su legitimidad.

l. Adolfo Hitler (1933) señaló que "las masas tienen una habilidad receptiva muy limitada, su entendimiento es escaso, tiene, por otra parte, un gran poder de olvido." Se dejan ir por los estereotipos y las generalizaciones. Los estereotipos tienden a ignorar los matices. La gente responde a la ley del menor esfuerzo y la superficialidad. Todo buen gobernante no debe desconocer esto y actuar en consecuencia.

m. El caso de la alta popularidad del entonces jefe de gobierno del Distrito Federal de México, Andrés Manuel López Obrador en el año 2003, demuestra que el mejor gobernante no necesariamente es el más eficiente y el que resuelve los principales problemas de la población, sino el que a los ojos de sus gobernados es o parece honesto, sincero, modesto, autentico, sencillo y cercano a la gente.

n. Todo gobierno debe, desde el principio de su mandato, conceptualizar, diseñar y construir, una imagen como forma de identificación y diferenciación con los demás.

o. Cuando el político tiene una buena imagen, la gente la reconoce con facilidad y responde, generalmente, de manera emocional hacia ella. De inmediato sabe de qué tipo de persona se trata.

p. En la política moderna, la autenticidad, honestidad moral y la espiritualidad son muy bien valorados. La mejor imagen la generan los hechos, no las palabras.

q. La consistencia es una de las reglas fundamentales para la construcción de una buena imagen. La inconsistencia, la falsedad y la hipocresía son ingredientes que destruyen su imagen.

r. En política la forma es fondo. No importa que dices, sino como lo dices. Es decir, lo que dices es lo de menos, lo que importa es cómo lo dices.

s. Cuida lo que dices, un gobernante es dueño de las palabras que calla y esclavo de las que pronuncia. Recuerde el adagio popular, "el pez por su boca muere:"

t. La oportunidad y calidad en la prestación de los servicios públicos ayuda a construir una buena imagen de gobierno. A la gente le interesa resolver sus problemas cotidianos que enfrenta en su vida diaria; tener electricidad, agua, alimentos, escuela para sus hijos, poder tirar la basura y tener limpias las calles y avenidas.

u. Un gobernante es "medido" por la gente, principalmente, en momentos de crisis e incertidumbre. Por ello, todo buen gobernante debe saber manejar con aplomo y mesura los conflictos y escándalos propios de las tareas que realiza.

w. En este mundo hay varios críticos de la imagen. Son los nuevos iconoclastas, quienes se resisten a la nueva modernidad política. Sin embargo, recuerda que este nuevo siglo es la centuria de la imagen en la que todos seremos, de una u otra forma, sus esclavos.

7. Imagen negativa

Todo gobernante pertenece a la clase política. La clase política, en la gran mayoría de las naciones, se encuentra ampliamente desprestigiada. Para mucha gente, la política es sinónimo de corrupción, demagogia, engaño, manipulación mentira, autoritarismo y prepotencia. De ahí que se tiene que trabajar más ardua e inteligentemente para tratar de cambiar la percepción negativa que se tiene de la función de gobierno.

Las cualidades, acciones y actitudes que forman una mala imagen de un gobernante tienen que ver con la corrupción, la ineficiencia, la torpeza, la falta de humor, la falta de autoridad y de carácter, la nula personalidad y el incumplimiento de su palabra. Como gobierno la imagen negativa está asociada al conflicto permanente, la desorganización, la negligencia e incapacidad. Por lo tanto, trate de alejarse de este tipo de prácticas. Recuerde que la imagen es poder.

Caso de transformación de una imagen negativa

A inició del año 2003, se levantó una encuesta nacional sobre la imagen del Instituto Federal Electoral (IFE), una de las nuevas instituciones de la emergente democracia mexicana. De ser una institución con un alto prestigio y reconocimiento social, garante de la transparencia y equidad en la organización de los procesos electorales, apareció con una serie de cuestionamientos y problemas, que deterioraron la percepción que la ciudadanía tenía de ella. Las causas que se señalaron como culpables del deterioro de la imagen fueron las siguientes:

a. Pérdida de credibilidad de las instituciones políticas (principalmente de los partidos políticos) en lo general, que afectó al IFE en lo particular.
b. Pérdida de visibilidad del IFE en momentos no electorales.
c. Tibieza en la fiscalización de los recursos de los partidos, específicamente en los casos conocidos como los escándalos Pemexgate y Amigos de Fox, que en esas fechas no habían sido resueltos todavía.
d. Temor por afrontar y defender con decisión los derechos de los militantes y la democracia interna de los partidos.
e. Problemas de corrupción al interior del IFE (abuso en el gasto de consejeros electorales).
f. La burocratización y oligarquización de la institución.
g. El costo de las elecciones y los altos montos de las mismas.
h. Falta de una estrategia inteligente de comunicación.

A mediados de año, una vez que concluyeron las elecciones federales del 6 de julio del 2003, la percepción social sobre el IFE cambió significativamente. Esto fue producto de una mejor e intensa comunicación con la sociedad, una elección bien cuidada y, sobre todo, de una serie de decisiones para castigar el abuso y el uso ilegal de los dineros públicos por parte de algunos partidos políticos. Sin embargo, después de la elección del 2006, la imagen del IFE de nuevo se vio deteriorada debido a que una gran parte de la sociedad consideró que su actuación favoreció a uno de los participantes en la contienda presidencial y perjudicó a otra, actuando de manera parcial. Por largo tiempo, muchos mexicanos consideraron a los Consejeros Generales del IFE y, en lo particular, a su ex presidente, Luis Carlos Ugalde como un delincuente electoral. A inicio del 2008, con la elección del nuevo presidente, Leonardo Valdez Zurita, la imagen de este instituto electoral inició un proceso de mejora.

Imagen de Candidatos y Partidos en Campañas Electorales

1. Introducción

Desde tiempos inmemorables, la imagen y la política han estado estrechamente ligadas, a pesar de que el reconocimiento de esta relación sea relativamente reciente. Esta vinculación ha sido así por tres razones. Primero, porque la política implica una relación. Esto es, se hace en sociedad, en grupo, ya que no se puede hacer política sólo para si mismo, sino para los otros, para las colectividades, para las masas. Segundo, porque la imagen es la percepción e idea que los demás tienen o se forman de nosotros. En este sentido, tanto la política como la imagen son producto de una relación históricamente determinada entre dos o más individuos. Tercero, porque ambos conceptos se implican. No puede haber imagen sin política y no puede haber política sin imagen. Es decir, la imagen supone una acción de percepción que en sí no es más que una acción política. Por su parte, la política sólo puede ser entendida a través de la formación de imágenes, de ciertas cosmovisiones y paradigmas. Cuando uno piensa en política no lo hace en abstracto, sino a través del uso de imágenes, muchas veces estereotipadas, ya sea de acciones, instituciones o actores políticos.

El uso de las imágenes en la política nos lleva a la discusión sobre el ser y el parecer. Desde la perspectiva racional resulta lógico pensar que "todo aquel que es, parece." "Aquel que no es, no parece." Sin embargo, en política esto no es necesariamente cierto. "Si eres y no pareces, finalmente ante los ojos de los demás no eres." Por el contrario, "si no eres pero pareces, realmente eres." En otras palabras, en política la percepción es la realidad, es lo que los demás perciben, no necesariamente lo que eres.

Cuando se le preguntó a Domiguín, el famoso matador de toros, que es lo que se requiere para ser torero.[25]Lo que contestó este controvertible español fue "primero parecerlo." Es decir, de acuerdo a esta respuesta no puedes ser buen torero, sino lo pareces. Esto es, el primer paso para ser, es parecer.[26]

Al respecto de esta discusión, desde la época del imperio romano, Julio Cesar decía que "la mujer del Cesar no sólo debe ser honesta, sino también parecerlo." Por su parte, en el siglo XVI Maquiavelo señala en El Príncipe, "cada uno ve lo que parece, pero pocos palpan lo que eres." Más adelante, afirma, "no es preciso que un príncipe posea todas las virtudes citadas, pero es indispensable que aparente poseerlas."[27] Es decir, la apariencia es tan importante para la política como la esencia misma.

---

[25] Su nombre era Domingo González, alias Dominguín, padre de los también toreros Luis Miguel y José González Lucas.

[26] En México, Jesús Reyes Heroles, uno de los ideólogos del PRI, señaló "en política la forma es fondo."

Hoy día, existe una serie de adagios o dichos populares, que subrayan la importancia de la imagen. Los más comunes son: Ver para creer, de la vista nace el amor y como te ven te tratan.[28] Es decir, la credibilidad, el amor y el tipo de trato que los demás te merecen depende de la percepción que ellos se forman de tu persona o tus actos. En política, tanto la credibilidad, como el afecto y la confianza son factores estratégicos estrechamente relacionados con el poder, que dependen de la imagen.[29] Esto es, los otros te creen, te aprecian y te otorgan la confianza dependiendo de la percepción que se han formado de ti, a través de los años por el contacto directo o por la intermediación de terceros, como los medios de comunicación.

En política electoral, la imagen se constituye como una ventaja competitiva que juega un papel muy importante en la lucha por las posiciones de representación pública. De hecho, la mayoría de los ciudadanos deciden inclinar su voto a favor del partido o candidato que más simpatías les genera, el que mejor les agrada y por el que se ha ocupado de gestionar adecuadamente sus afectos. En este sentido, las campañas se convierten en verdaderas batallas por conquistar o ganar las percepciones de los votantes, transformándose en regias confrontaciones por lograr el afecto para la causa de unos y el desafecto para los adversarios.

A la luz de estas consideraciones y reflexiones, en el presente capítulo se hace un análisis de las percepciones ciudadanas sobre los partidos políticos en México y su efecto sobre la imagen de los candidatos. En lo particular, se hace un breve análisis de los casos de tres campañas electorales en México cuyo resultado dependió, en gran medida, de la capacidad de gestión de los afectos de los electores por parte de los candidatos y partidos participantes y donde el manejo de imagen como estrategia de campaña jugó un papel relevante.

2. Imagen del partido

La imagen está presente en todos lados. Existe una imagen de la política y una imagen de los políticos. En la mayoría de los casos, esta imagen no es buena. Más bien se asocia a la idea de corrupción, negligencia, abuso, autoritarismo y arbitrariedad. Los partidos, como instituciones políticas por antonomasia, no están exentos de ser "salpicados" por esa mala imagen. Para mucha gente, en los partidos políticos se teje una red de componendas y corruptelas, cuyo único propósito es el lucro y beneficio particular o de grupo, nunca el bienestar de la sociedad.

---

[27] Maquiavelo en esta seminal obra también señala "Los hombres en general, juzgan más con los ojos que con las manos, porque todos pueden ver, pero pocos tocar. Todos ven lo que pareces ser, más pocos saben lo que eres."

[28] "Una imagen vale más que mil palabras" es otro de los adagios sobre la imagen.
[29] Quién tiene un alto nivel de credibilidad, genera confianza y es querido por la gente sin duda que tiene poder.

Esta percepción que existe de los partidos afecta a los candidatos postulados bajo sus siglas. De igual forma, la imagen de los candidatos permea la imagen de los partidos que los postulan. Es una relación reciproca e interdependiente. Un candidato con una mala imagen perjudica la percepción de su partido. Por el contrario, un candidato con una buena imagen beneficia y ayuda a su partido.

En teoría los partidos políticos cumplen una serie de funciones como el de intermediación, organización, representación y educación política. Sin embargo, en la práctica las instituciones partidistas están más ocupadas por buscar sólo posiciones de poder político y defender intereses de particulares, mas que generales. En algunos casos, los partidos se convierten en cotos familiares o "franquicias políticas" donde sus dirigentes monopolizan las posiciones de dirección y las candidaturas a los diferentes puestos de elección popular. Asimismo, los derechos de los militantes frecuentemente no son respetados y reconocidos, los procesos democráticos, muchas veces, son vulnerados, imponiéndose prácticas autoritarias y represivas hacia las ideas disidentes.

En el caso de México, la valoración que hacen los ciudadanos sobre los partidos es baja. Esta valoración responde a una realidad histórica: los partidos sólo han sido instrumentos de la clase política para acceder o conservar el poder, pero nunca se han transformado en conductos para la solución de los problemas y necesidades de la gente.

La imagen que existe de los partidos además, se ha estereotipado. Para mucha gente, por ejemplo, el PRI es sinónimo de corrupción y autoritarismo. El PAN de ineficiencia y conservadurismo. Por su parte, al PRD se le asocia con la violencia y la movilización. Estos estereotipos, construidos a través de los años, con razón o si ella, reflejan la percepción que los ciudadanos se han formado y sobre las cuales estos institutos tienen que articular sus estrategias futuras. Estas imágenes de los partidos permea, para bien o para mal, la imagen de los candidatos.

3. Imagen del candidato

En toda contienda electoral, las estrategias de comunicación se proponen como objetivo central el posicionar ante el electorado una imagen positiva de su candidato y una imagen adversa de los opositores. La idea es que se asocie y forme la percepción entre los votantes sobre el candidato, ya sea como un político responsable, eficiente, capaz, humano, cercano, accesible, honrado, bondadoso, con experiencia y, sobre todo, simpático.[30] Un candidato que convenga a la gente, que asegure que su sistema de valores y creencias este garantizado, que vean en

---

[30] Si la percepción mayoritaria de la sociedad es que la política por definición es antónima a estas cualidades, entonces la estrategia puede estar orientada en posicionar la imagen del candidato no como un político, sino como un profesionista capaz, un líder social, un empresario exitoso, una mujer de trabajo o un hombre de resultados, por señalar algunos objetivos.

él la posibilidad de impulsar la materialización de sus esperanzas y sueños, que genere la confianza y credibilidad entre los votantes.

De hecho, los electores acuden a sufragar el día de la elección teniendo en mente la imagen de los candidatos y partidos contendientes, ya sea la que nosotros nos encargamos de crear o la que los opositores impulsaron. Finalmente, el día de los comicios la gente vota imágenes, es decir percepciones que se han formado a lo largo de las campañas o, incluso, representaciones e identidades que se formó desde antes de la gesta electoral.

La imagen de los candidatos es muy importante en todo proceso electoral, ya que, al parecer, existe una tendencia mundial en la que los ciudadanos se inclinan más a decidir la orientación de su voto por el candidato que por el partido, tomando en consideración las actitudes, atributos, antecedentes y capacidades de los candidatos por encima de los principios ideológicos y programáticos de las instituciones partidistas.

A continuación se describe tres casos de campañas exitosas, a la luz de las teorías sobre la imagen, en las cuales la estrategia de comunicación y proselitismo electoral fue centrada, principalmente, en el carisma e imagen del candidato.

a. Caso de Humberto Moreira Valdés

El 25 de septiembre del 2005, se realizaron los comicios para elegir al gobernador del Estado de Coahuila, ubicado en la parte noreste de México. Los dos principales candidatos fueron, por el Partido Revolucionario Institucional (PRI), Humberto Moreira Valdés y por el Partido Acción Nacional (PAN) Jorge Zermeño. El resultado oficializado por la autoridad electoral, indicó que Moreira había obtenido el 57 por ciento de los votos, mientras que el panista había logrado sólo el 33 por ciento de los sufragios. Es decir, el candidato del PRI ganó con 24 por ciento de votos de diferencia.

De esta forma, Moreira obtuvo una victoria holgada, a pesar de los ataques y múltiples acusaciones de las que fue objeto por parte de sus opositores durante la campaña.[31] Fue así como el abanderado priísta no sólo supo construir una estructura partidista que movilizó el día de las elecciones, sino que también fue capaz de gestionar, astuta e inteligentemente, su imagen y los afectos de los votantes.

Durante la campaña electoral, en distintos mítines y concentraciones públicas, los asistentes pedían a gritos que el candidato bailara, ya que tenía fama de ser un maestro del baileteo. De esta manera, al acceder, el aspirante complacía las múltiples peticiones de la gente iniciando diversos movimientos eróticos y galanteos corporales propios de un experto en cumbia colombiana. Como

---

[31] El candidato del PRI fue acusado, por ejemplo, de perpetrar diferentes fraudes en el Instituto Nacional de Educación de Adultos (INEA) del Estado y utilizar los recursos públicos para fines partidistas.

resultado de dicha actuación, el candidato recibía el aplauso estruendoso de la muchedumbre, como muestra de su simpatía y agrado. Tanto sus opositores como sus apoyadores reconocían que "la gente no iba a los mítines y concentraciones públicas a escuchar las propuestas ni los discursos del candidato, que asistía con el objetivo de verlo bailar." Esta imagen de hombre simpático y entretenido fue aprovechada por el propio candidato para gestionar el afecto de la gente y ganar la elección.

No es que se este diciendo que por el sólo hecho de ser graciosos y diestro en el baile, Moreira haya ganado la gubernatura del Estado, pero sí que este tipo de cualidad le sirvió para constituirse una imagen de candidato simpático, agradable y llamativo, que finalmente se convirtieron en ventajas competitivas en la contienda, ya que los electores contrastaron en las urnas su imagen con la de su principal opositor, Jorge Zermeño Infante, el cual aparecía, en comparación con el candidato priísta, como un aspirante tosco, áspero e insípido, muy diferente a lo que proyectaba Moreira. Al final, sumado a la estructura partidista, a los recursos involucrados y a la intensa campaña electoral, Moreira se impuso ampliamente como el ganador en la elección para gobernador.

b. Caso de Ney González Sánchez en Nayarit

El 3 de julio del 2005, se realizaron los comicios para elegir gobernador, presidentes municipales y diputados locales en el estado de Nayarit. Los candidatos para la máxima magistratura estatal fueron Manuel Pérez Cárdenas por el PAN, Ney González por el PRI y Miguel Ángel Navarro Quintero por la Alianza por Nayarit, integrada por el PRD, el Partido de la Revolución Socialista (PRS) y el Partido del Trabajo (PT). En esta ocasión, el PRI era el partido opositor, ya que la gubernatura la había ganado en 1999 una coalición de partidos, integrada por el PAN, el Partido de la Revolución Democrática (PRD) y el PRS de registro local.

Esta campaña, se caracterizó por la polarización entre dos fuerzas partidistas. Por un lado, el PRI y, por el otro, la Alianza por Nayarit; dejando en un lejano tercer lugar al PAN. Al final, Ney González obtuvo la victoria al lograr el 46.01 por ciento de los votos, mientras que el candidato de la Alianza por Nayarit, Miguel Ángel Navarro Quintero, sólo obtuvo el 42.73 por ciento de los sufragios.

Ney González, hijo del Emilio M. González, utilizó la misma estrategia populista de su padre para hacer política y llegar a la gubernatura del estado. Fue famoso por apadrinar a cientos de ciudadanos en actos públicos en festejos de bodas y quinceañeras, organizados y financiado por el ayuntamiento de Tepic, durante su gestión como alcalde (2002-2005). Durante la campaña para gobernador, una parte importante de su tiempo la utilizaba para atender personalmente las peticiones de los electores, saludar, conversar y atender a los adultos mayores, principalmente viejitas, así como besar niños y bebes y hacer todo tipo de "acto de ternura y misericordia" que le mereciera públicamente el apodo de "hombre bondadoso." Su estrategia consistió en gestionar el afecto de la gente, en caer bien, agradar, ser simpático e, incluso, gracioso. Como candidato, lo mismo entonaba canciones populares en camiones urbanos o acudía a reuniones festivas y picarescas con locatarios de mercados municipales, donde el chiste, la informalidad y la broma eran parte cotidiana de sus discursos e intervenciones públicas.

De esta forma, fue tejiendo una red de amistades que no sólo estaban dispuestos a votar por él como candidato, sino también a hacer campaña para convencer a otros electores para llevarlo a la gubernatura del estado. Para miles de pobladores, Ney era sinónimo de bondad, cercanía, simpatía, compromiso y amor para Nayarit y sus habitantes. Fue así como, apoyado en su carisma y su habilidades histriónicas, logró derrotar a Miguel Ángel Navarro, político que en términos comparativos con el candidato del PRI parecía muy acartonado.

c. Caso Enrique Peña Nieto

Al igual que en Nayarit, el 3 de julio del 2005 se realizaron los comicios para elegir al gobernador del Estado de México. En esta elección, participaron Enrique Peña Nieto, candidato del PRI en Alianza con el Partido Verde Ecologista de México (PVEM), Rubén Mendoza Ayala, abanderado del PAN y Yeidckol Polevnsky Gurwitz, candidata del PRD, en alianza con el Partido Convergencia (PC) y el Partido del Trabajo (PT).

El candidato del PRI era un desconocido ex funcionario gubernamental, pero joven, atractivo y con buena apariencia física, estilo metrosexual. Por su parte, el candidato del PAN, de mayor edad y tez morena, lucía su nariz aguileña, además de su papada y su barriga abultada.[32] Durante el mes de marzo de ese año (2005), al inicio de la campaña y después de los procesos de selección de los candidatos por parte de los partidos políticos, el aspirante por el PAN estaba mejor posesionado ante los electores que sus adversarios. De acuerdo a una encuesta levantada por el periódico El Universal, la intención del voto a favor de Rubén Mendoza Ayala era de 37 por ciento, cinco puntos porcentuales arriba de Enrique Peña Nieto, su principal opositor. Sin embargo, empezaron a presentarse los errores y escándalos que afectaron su imagen y que lo llevaron directo a la derrota.

En primer lugar, su estrategia de comunicación se centró en comparar sus atributos poco estéticos con respecto del contrincante priísta, publicitándose como el candidato feo, pero que sabía gobernar.[33] De esta forma, diversos espectaculares y gallardetes colocados en la vía pública mostraban la leyenda

---

[32] Rubén Mendoza Ayala era un hombre con más experiencia en la administración pública, pues había sido diputado federal y alcalde del municipio de Tranepantla, además de ser académico de la Universidad Nacional Autónoma de México.

[33] En una conferencia de prensa organizada por su partido, señaló "Aquí yo no voy a estar apoltronado en Toluca, porque soy feo como muchos mexicanos, porque tengo mis labios grandotes y tengo mi nariz aguileña y porque soy prietito, pero no soy bonito, soy mexicano, esto no es concurso de belleza."

"soy feo, pero se gobernar," introduciendo como tema de campaña la imagen y estética de los candidatos, situación que le resultó más perjudicial que benéfica.[34]

En segundo lugar, Mendoza Ayala cayó en una provocación tramada por los priístas en un mitin organizado el 4 de junio por su partido en la comunidad de Jiquipilco estado de México. Resulta que una camioneta cargada con pelotas con la impresión de propaganda del PRI se acercó a un mitin del PAN, cuyos tripulantes del vehículo empezaron a distribuirlas entre los niños asistentes a la concentración panista. La reacción del candidato fue impulsiva y poco inteligente, ya que trató de evitar violentamente que dichas pelotas fueran repartidas. La televisión captó y transmitió a nivel nacional escenas en la que el candidato del PAN, con evidentes signos de ebriedad, se mostraba agresivo forcejeando con los priístas. Al ofrecer, más tarde, una rueda de prensa para explicar el incidente, el candidato señaló que "Unos canijos del PRI me pusieron una camioneta con pelotas en Jiquipilco y fui por ellas, porque tengo las pelotas grandes y van y tiznan a su madre. Tuvieron la pelota de Peña pero con mi autógrafo."

Lo que trascendió en la prensa local y nacional fue que Mendoza Ayala era un ebrio que encabezó un grupo de panistas violentos que robaban y agredían a los niños y a otros ciudadanos para quitarles las pelotas que se encontraban en una camioneta con propaganda de Enrique Peña Nieto. Este escándalo, redujo significativamente las posibilidades de éxito de la campaña de Rubén Mendoza Ayala, dañando seriamente su reputación y credibilidad.

En tercer lugar, la dirigencia nacional del PAN fue poco habilidosa en la gestión del "escándalo de las pelotas," ya que apoyó las declaraciones y palabras altisonantes que pronunció su candidato a gobernador, lo que rebajó, a juicio de muchos, el nivel de debate de las campañas. Por ejemplo, Manuel Espino, secretario general del comité ejecutivo del PAN, apuntó "Nunca ha sido inmoral mentarle la madre a alguien que lo merece, y Rubén Mendoza no llegó a eso. Se quedó corto en transmitir el enojo de los mexiquenses."

Al final del proceso, Enrique Peña obtuvo el 47.75 por ciento de la votación contra el 24.77 de Rubén Mendoza del PAN y el 24.05 de Yeidckol Polevnsky del PRD. Es decir, la mala gestión de la imagen del candidato panista, sumado a los errores cometidos durante la campaña, terminaron por dilapidar su capital político, que al inicio aparecía muy prometedor. Por su parte, el candidato del PRI, a pesar de las críticas y señalamientos hechos por sus opositores, como el exceso de gasto en las campañas y el uso de los recursos públicos para su beneficio, finalmente logró imponerse en la contienda. En fin, ganó el que mejor supo gestionar su imagen.

4. Comentarios finales

---

[34] Además, ha sido demostrado que los votantes toman en cuenta, en su decisión electoral, consideraciones más de tipo emocional (el afecto, la simpatía, la estética, el caer bien, el agradar, el confiar, el creer, etc.) que racional (las propuestas y capacidades de gobierno).

La imagen es un factor real de poder. El voto de los ciudadanos depende, en gran medida, de sus percepciones. En una sociedad con un sistema político plural y competitivo, ganará las elecciones aquel candidato o partido mejor preparado y capacitado para gestionar su imagen y la de sus adversarios.

La imagen se ha convertido en una ventaja competitiva para candidatos y partidos en las campañas electorales. Esto es así debido a tres razones. Primero, porque no podemos pensar y procesar la política más que a través de imágenes. Segundo, porque la gente vota y hace su elección con base en sus percepciones. Finalmente, porque la imagen es un medio poderoso de persuasión y seducción política.[35]

En los tres casos analizados los candidatos más hábiles y astutos para gestionar su imagen fueron los que finalmente lograron ganar las elecciones. En este sentido, podemos concluir que la política, en la era democrática, se ha convertido en el arte de saber gestionar el afecto (o el desafecto) de los votantes. El agradar, ser simpático, amable, complaciente, sociable, gracioso, apuesto y elegante, así como el caer bien son parte de los atributos que hoy día tanto los partidos como los candidatos están utilizando como ventajas competitivas para ganar las elecciones en la disputa de espacios de representación popular.[36]

En el futuro, los partidos que orienten su esfuerzo hacia la gestión y atención de las demandas y problemas más sentidos, así como a la satisfacción de las expectativas y anhelos de la gente tendrán más posibilidad de ser más exitosos en los comicios.

En este mismo sentido, el candidato que muestre una mayor inteligencia social y sepa gestionar adecuadamente su imagen será el que tenga más posibilidades de ganar la elección. Es decir, la capacidad de interrelación y comunicación afectiva con los demás y el manejo de las percepciones se constituye en ventajas competitivas estratégica en toda contienda electoral.

La Imagen de la Mercadotecnia Política

La mercadotecnia política es una disciplina, un tanto, desacreditada e incomprendida en América latina, no sólo en el campo epistémico, sino también

---

[35] Estamos ante la existencia de un elector light que lo atrae más lo banal y superficial que lo trascendente. Este nuevo elector gusta más de lo sencillo que lo complejo, busca lo fácil. Para este tipo de electores es más fácil sentir que pensar. Es la supremacía de la imagen sobre la palabra, la forma sobre el fondo.

[36] Sin embargo, es importante hacer notar que esta nueva forma de hacer política resulta preocupante, ya que, en gran medida, la nueva política se sustenta sólo en la forma y la vacuidad, más no en la sustancia y la plataforma ideológica, lo cual nos puede llevar a una democracia epidérmica, de forma, más no de contenido.

por la misma clase política, principalmente la de la "vieja guardia," así como por diferentes grupos sociales.[37] Para algunos, el término mercadotecnia, por si sólo, connota manipulación, engaño o artificio o, en el mejor de los casos, superficialidad, forma, envoltura o banalidad.[38] Por su parte, el término política, también, para muchos ciudadanos, es sinónimo de mentira, artimaña, abuso, e incluso, de corrupción o negatividad.

Al conjuntar ambos términos, resulta que con el sólo nombre que ha adquirido esta disciplina científica adquiere una doble connotación de aguda impronta negativa. De ahí que algunos de sus críticos, la hayan descrito como "una forma cínica de mentir a la gente para ganar o conservar el poder."[39] En este sentido, ésta disciplina ha heredado, desde su bautizo y nacimiento, una imagen o percepción negativa en ciertos sectores sociales, quienes la asocian al engaño y la mentira. Es decir, de cierta manera en los "genes" propios lleva esta disciplina su penitencia. Pero, ¿a qué se debe ésta mala imagen que tiene la mercadotecnia, no sólo en amplios sectores de la sociedad, sino incluso entre los mismos políticos, y también, entre algunos consultores en el área de la política? ¿Por qué la mercadotecnia ha podido "vender" cualquier cosa, productos o servicios a la gente, pero no ha podido "venderse" a si misma? Las causas son múltiples y responden a diferentes factores los cuales abordaremos en este capítulo.

Los consultores y el anti marketing

De entrada, solo diré que la mercadotecnia política tiene una imagen negativa debido a cinco factores, entre los que sobresalen su propia denominación, su historia u origen, su área y campo de estudio, la praxis de la política (partidista o gubernamental), y el desconocimiento de lo que en realidad es la propia disciplina. De hecho, resulta paradójico saber que muchos consultores, como algunos de los agrupados en la Asociación Latinoamericana de Consultores Políticos (ALACOP) o en el Centro Interamericano de Gerencia Política, que trabajan asesorando campañas electorales o gobiernos en funciones, hacen uso continuo de las técnicas, estrategias, métodos y saberes de la mercadotecnia política, en sus diferentes modalidades y formas, pero prefieren negarla o tratar de bautizarla con otro nombre que parezca menos rudo, ante los ojos de la sociedad o de sus clientes.

De esta manera, por ejemplo, encontramos a un grupo de consultores (*los inversos*) como el caso de Jaime Durán, un consultor ecuatoriano, altamente prestigiado en América latina y con lazos importantes con organizaciones de

---

[37] De acuerdo a José Chojrin, existe una tendencia creciente en América latina entre algunos dirigentes a aludir a esta disciplina en tono descalificatorio, trivializándola, tergiversándola y dando un uso peyorativo al término marketing. (véase *La magia de los necios: el marketing como "mala palabra"* en www.infocomercial.com, 28 de Marzo del 2006).

[38] Solo un pequeño sector de la sociedad, principalmente el empresarial o el académico ligado al estudio de las ciencias administrativas tiene una percepción diferente y positiva de la mercadotecnia.

[39] Véase Adolfo Aguilar Zinser, "El que paga manda," publicado en el diario Reforma de la ciudad de México el 23 de julio del 2004.

consultores a nivel internacional. Durán en los diferentes seminarios y conferencias que dicta a nivel mundial señala que lo que él hace no es dar consultoría en materia de mercadotecnia, sino en el área de estrategia, comunicación política, investigación de mercados o en general, en el campo de las campañas electorales y el ejercicio de gobierno. Sin embargo, lo que este consultor y académico hace, no es mas que ofrecer consultoría precisamente en el área de la mercadotecnia política, aunque lo niegue insistentemente, ya que, al parecer, no quiere que el desprestigio de la disciplina lo "salpique."

De hecho, esta práctica de hacer algo y, a la vez, negarlo, es también muy utilizada por diferentes políticos en el orbe, muchos de los cuales no tienen una carrera en el área pública, pero circunstancialmente participan en la política, principalmente electoral. De esta forma, por ejemplo, un empresario que quiere ser alcalde dice que él no es político, que es empresario, tratando de que la gente lo diferencie del político, ya que considera, muchas veces con razón, que la mayoría de la población tiene una percepción negativa del político. Es decir, hace política al participar como candidato, negando o criticando, a su vez, a la propia política. De ahí viene el nombre de los inversos, que no significa más que los inconsecuentes.

Al respecto, hay un ejemplo de un lema de campaña utilizado en una elección presidencial en América latina que rezaba "no votes por un político, vota por un ecologista,"[40] el cual refleja el verdadero sentido de esta práctica perversa de hacer política, negando o criticando agriamente a la política.

Hay otro grupo de consultores (los puritanos) que prefieren utilizar otro nombre y otros términos en lugar de mercadotecnia política, posicionamiento, mercado electoral o "venta" de un candidato, sugiriendo incorporan, en su lugar, otros conceptos propios del campo de la ciencia política. Es decir, lo que buscan es tratar de quitar las palabras "rudas" de la mercadotecnia incorporando términos más bien políticos que sean socialmente aceptados y no le parezcan toscos a la población. Un ejemplo, de este tipo de consultores lo constituye la firma CAS&A que preside el Colombiano Carlos Salazar Vargas, quien prefiere hablar de politing en lugar de mercadotecnia, pero que, en esencia, no es otra cosa que una forma diferente (anglosajona) de llamarle a la mercadotecnia política.[41]

Hay otro grupo de consultores (los especuladores) en el área de mercadotecnia que aceptan y se publicitan como mercadólogos o mercadotecnistas en el área de la política, pero que le hacen mucho daño a la disciplina al sobredimensionar o distorsionar sus verdaderos, alcances y potencialidades. Estos son los que lucran con la gula y, algunas veces, con la ignorancia de los políticos, quienes aspiran a ocupar un puesto de representación pública o pretenden conservar los espacios de poder político. Estos consultores ofrecen los servicios de mercadotecnia como

---

[40] Este lema fue utilizado en México en la campaña de 1994 por el Partido Verde Ecologista de México.
[41] Carlos Salazar es articulista en diferentes periódicos y columnista de la revista Merca 2.0. Politing es una adecuación del marketing político integral a las condiciones particulares de América latina, según se lee en su página web.

la herramienta mágica e infalible que les asegura resultados siempre positivos para alcanzar sus objetivos políticos.

Finalmente, encontramos otro grupo de consultores (*los advenedizos*), quienes ante el auge de la disciplina y el mercado que se ha abierto en este campo a nivel mundial, producto de los procesos de democratización, han iniciado despachos de consultoría, sin tener la preparación ni la experiencia que se requiere, ofreciendo servicios de muy baja calidad para asesorar a candidatos y gobernantes, aprovechándose de la ignorancia o algunas veces, complicidad de los propios políticos. Esto es, durante los tiempos electorales tienden a surgir diferentes firmas de consultoría e investigación de mercados, que dan cuenta de "estudios" sobre tendencias electorales que favorecen en sus "hallazgos" a los candidatos o partidos que los han contratado, directa o indirectamente, desapareciendo de la escena una vez que los procesos electorales han concluido.

Su origen

Hemos comentado, que la mercadotecnia política se encuentra desprestigiada por varios factores, entre los que sobresale su historia u origen como disciplina moderna. Como es sabido (Marrek, 1994), la mercadotecnia política, como hoy se conoce y conceptualiza, nace en los Estados Unidos de Norteamérica a inicios de la década de los cincuentas, siendo utilizada por primera vez por los republicanos en la elección presidencial donde resultó electo como presidente Eisenhawer en 1952 y luego se extendió a otras partes del globo, siempre ligado a los procesos de transición democrática.

Como su origen y principal desarrollo está ligado a los Estados Unidos, varios partidos y grupos sociales, principalmente los de orientación izquierdista, rechazaron por varios años el hacer uso de las técnicas y estrategias que la mercadotecnia remendaba, ya que al ser de origen Yanqui, la convertía automáticamente en un instrumento del imperialismo.

Además, el llevar implícito en su nombre el prefijo *mercado*, también, resultaba poco atractiva para estas cofradías de la política, sino es que riesgosa, ya que los grupos neoliberales de orientación conservadora o derechista le daban primacía y centralidad al mercado, marginando a un lugar secundario al Estado como actor protagónico del desarrollo económico y social. Es decir, la izquierda latinoamericana siempre se ha apoyado en las añejas tesis keynesianas que le dan centralidad e importancia especial al Estado sobre el mercado, por lo que acudir a la mercadotecnia en la política representaba una especie de riesgo y traición a sus principios e ideologías, ya que el término mercado le era más bien afín a la derecha.

Sin embargo, hoy día tanto Luís Ignacio Lula Da Silva en Brasil,[42] como el comandante Marcos del Ejército Zapatista de Liberación Nacional (EZLN) en

---

[42] Lula Da Silva es presidente de Brasil desde el año 2000 e histórico líder del Partido de los Trabajadores de

Chiapas[43] o Andrés Manuel López Obrador en la ciudad de México,[44] todos ellos identificados como personajes de izquierda, hacen uso frecuente de la mercadotecnia política en sus actividades proselitistas y de gobierno, es decir para llegar o conservar el poder, a pesar de que, muchas veces, lo nieguen o incluso, critiquen severamente a la disciplina.

Ambigüedad teórica-conceptual

Otro factor que ha incidido, de manera decisiva, en restarle credibilidad e imagen a la disciplina es la ambigüedad conceptual con la que se ha manejado la mercadotecnia política, así como la imprecisión metodológica y la falta de delimitación precisa de su objeto y campo de estudio.

Por un lado, la mayoría de las publicaciones que existen sobre el tema son de carácter prescriptivo e instrumental, tipo manual, y pocos son los trabajos teóricos o conceptuales. De hecho, existe muy poca investigación científica sobre el fenómeno de los procesos que estudia la mercadotecnia política, de tal forma que muchos autores dudan en llamar ciencia a la mercadotecnia (Barranco 1997, Borja 1998, Martínez 2001). Los pocos trabajos serios que se han realizado sobre esta temática reflejan además, una gran ambigüedad conceptual, ya que no hay consenso sobre qué es exactamente la mercadotecnia y cuáles son con precisión su objeto y campo de estudio.

Su carácter multidisciplinario, así como la amplitud de aplicación de sus postulados, la hacen más ambigua, ya que la política es un campo muy vasto porque tiene que ver con la actividad humana en su relación social. De esta forma, la mercadotecnia política la podemos utilizar, por ejemplo, en la escuela (marketing estudiantil, marketing universitario, marketing de las profesiones, etc.), en la religión (mercadotecnia religiosa), en el trabajo (mercadotecnia sindical), en el gobierno (mercadotecnia gubernamental, mercadotecnia parlamentaria, etc.), en los procesos electorales (mercadotecnia electoral), en la vida cotidiana (mercadotecnia de las ideas) o en las organizaciones sociales (mercadotecnia relacional), por señalar algunas. Esta amplitud de usos, en lugar de abonar en su desarrollo teórico y conceptual, tal parece que genera mayor desconcierto e imprecisión conceptual.

La pluralidad de enfoques teóricos y metodológicos que utiliza, también, la alejan de la ortodoxia epistémica, propia del positivismo científico, ya que prácticamente la mayoría de los métodos y técnicas de las ciencias sociales les son comunes y útiles. De ahí, la resistencia de muchos científicos en reconocer a la

---

orientación de izquierda.

[43] El comandante Marcos, uno de los principales líderes del EZLN, utilizó el tecnomarketing, vía Internet, para lograr visibilidad y posicionamiento político a nivel internacional.

[44] Andrés Manuel López Obrador fue Jefe de gobierno del Distrito Federal en México y candidato a la presidencia de la república para el 2006 por la Alianza por el Bien de Todos.

mercadotecnia como un campo del conocimiento similar, por ejemplo, a la sociología, ya no se diga a alguna de las ciencias exactas o ingenierías.

La falta de estatus académico de la disciplina, manifestada en la escasez de programas de estudio de licenciatura o postgrado escolarizados en América latina, contribuyen también en ampliar la desconfianza en esta disciplina, ya que, en el ámbito académico, lo que predomina son diplomados, talleres, seminarios o cursos optativos en la curricula universitaria, pero no carreras especializantes en este campo del conocimiento.

Desprestigio de la política
Aunado a los factores señalados que han minado el reconocimiento de la disciplina, tenemos que sumarle, además, el desprestigio a nivel mundial de la política, las instituciones y los actores políticos, que de una u otra forma, también han incidido en el desprestigio de la mercadotecnia. De hecho, una de las instituciones más desprestigiadas a nivel mundial es la política, con todo lo que esto implica: los partidos políticos, los diputados, los magistrados, los gobernantes y las propias instituciones políticas.

El siguiente cuadro, por ejemplo, contiene parte del informe de Transparencia Internacional del 2004 sobre la percepción social en materia de corrupción y buen gobierno que se tiene en México y a nivel internacional, misma que muestra que los políticos son los que gozan del mayor desprestigio social, existiendo la percepción de que son los más corruptos de todos los actores o instituciones políticas y sociales.

Percepción sobre Corrupción en México, 2009
1 no corruptos, 5 muy corruptos

Institución	México	Promedio Internacional
Partidos Políticos	4.5	4.0
Legisladores	4.2	3.7
Sistema Judicial	4.3	3.6
Policía	4.5	3.6
Empresarios	3.7	3.4
Medios	3.6	3.3
Sistema Educativo	3.4	3.1
Servicios públicos	3.7	3.0
Ejército	3.2	2.9
Entidades religiosas	3.1	2.7

Fuente: Transparencia Internacional, 2009.

De igual forma, los abusos, pantomimas, ilegalidades, corruptelas y escándalos de los políticos, así como las ideas estrafalarias y prácticas desaseadas de muchos candidatos durante los procesos electorales o en el ejercicio de gobierno han abanado, también en desmeritar a la mercadotecnia, ya que muchos de sus críticos señalan, muchas de las veces sin razón, que dichos abusos o prácticas inmorales tienen que ver con la mercadotecnia. De ahí que esta disciplina haya encontrado muchas dificultades para poder ser valorada y socialmente aceptada.[45]

El siguiente cuadro muestra, por ejemplo, la confianza en las instituciones, principalmente políticas, en América latina en los años 1996 y el 2009, la cual muestra un decremento de la confianza ciudadana en las instituciones políticas.

Confianza en Instituciones en América Latina, 2009

Institución	1993	2003
Policía	30	29
Poder Judicial	26	24
Gobierno (ejecutivo)	33	20
Congreso	27	17
Partidos políticos	20	11

Fuente: Latinobarómetro, 2009. Nota. Se muestra el porcentaje de entrevistados que dijo confiar algo o mucho.

La decepción que ha generado en varios grupos de ciudadanos los sistemas democráticos, en la medida que muchos de los problemas sociales no han sido resueltos por los gobiernos surgidos de procesos democráticos, como el desempleo, la pobreza, la inseguridad pública y el analfabetismo, también ha incidido en desacreditar a la mercadotecnia, ya que esta disciplina es una consecuencia o producto de los procesos de transición y consolidación democrática, ya que no puede haber mercadotecnia política bajo sistemas autoritarios o totalitarios que se basan en el control, la violencia y el miedo. En la medida que la democracia no ha podido resolver esta problemática, la gente considera que hay prácticas y tendencias insanas que la perjudican, como lo es la mercadotecnia.[46]

Inopia social

Finalmente, encontramos la ignorancia y desconocimiento social sobre lo que en realidad es la mercadotecnia política y no sólo lo que parece o se dice de ella, como otro factor que incide en la poca valorización que se tiene de esta disciplina.

De hecho, en una encuesta realizada en noviembre del 2004 por investigadores de la Universidad de Guadalajara entre ciudadanos del estado de Jalisco en México mostró que la mayoría de la población entrevistada (76%) no conoce con

---

[45] Lo que se requiere es un marketing de la mercadotecnia. Es decir, una serie de estrategias creativas e inteligentes de mercadotecnia para lograr una mayor aceptación social y reconocimiento profesional de esta disciplina.

[46] Por ejemplo, Jorge Alonso, académico del CIESAS occidente, ha señalado que la mercadotecnia representa un atentado a la democracia, porque hace de la política un espectáculo.

exactitud lo que es la mercadotecnia política, una mayoría de ciudadanos (84%) la asocian con el engaño o la manipulación y pocos (12%) la valoran como una disciplina útil en el proceso de transición y consolidación democrática.[47] En este mismo estudio, se muestra que el 75 por ciento de los ciudadanos entrevistados reconoce que la mercadotecnia política tiene mala imagen y un 69 por ciento señaló que prefieren campañas electorales de ideas y propuestas y no de mercadotecnia, infiriendo erróneamente que está disciplina es antagónica e incompartible con las ideas y las propuestas.

El alto analfabetismo político que predomina en varios sectores sociales, así como el carácter de una cultura política en transición, también, inciden en el poco reconocimiento social y entendimiento preciso de lo que es realmente la mercadotecnia, sus alcances y verdaderas potencialidades.

Mercarte o mercalogía

Hasta aquí hemos descrito los principales cuestionamientos que se le hacen a la mercadotecnia política. Hemos dicho, que hay factores de carácter histórico, filológico, de desconocimiento social, de ambigüedad conceptual, de raquitismo teórico y de atomicidad metodológica, entre otras. De ahí surge la necesidad de intentar rescatar a la mercadotecnia política como tal, con sus debilidades y fortalezas, o tratar de acuñar otro término, menos tosco, que tenga mayor aceptación social y describa con mayor precisión lo que en realidad es hoy día la mercadotecnia política.

Creemos, que lo que éticamente es más conveniente es tratar de rescatar a la disciplina como tal y defender con argumentos, investigaciones y desarrollos teóricos y metodológicos lo que en realidad es y no lo que se dice o se percibe que es la mercadotecnia política. Esto es lo que, en cierta medida, hemos venido haciendo (Valdez 2000 y Valdez 2002) en los últimos años en una cruzada en la que no hay muchos aliados, sino más bien fustigadores y adversarios.

Sin embargo, a título de hipótesis voy a aventurar dos posibles términos que pudieran sustituir, en un futuro no muy lejano, al de mercadotecnia en el campo de la política. El primero es el de *mercarte* entendido como el arte de conquistar los mercados políticos, construir mayorías electorales estables, gestionar, mantener y ampliar continuamente la legitimidad de los políticos y gobernantes y afianzar la gobernanza en las instituciones políticas. El segundo, es el de *mercalogía* que es definida como el estudio de los mercados político electorales y los procesos de intercambio e interrelación política que se dan entre la clase política y los ciudadanos en el marco de una sociedad de cuño democrático.

El primero significa definir a este campo del conocimiento como un arte que implica habilidades, destrezas, sensibilidad estética y astucia para conseguir los

---

[47] La encuesta se realizó entre 764 individuos mayores de 18 años en casa habitación. El porcentaje de confiabilidad estadística fue de 95%.

objetivos propuestos. La segunda implica reconocerla como una ciencia social con un objeto y campo de estudio bien determinado, con metodologías y procedimientos propios de toda ciencia, que sistematiza conocimientos, realiza estudios y observaciones y explica racional y coherentemente la conducta de los ciudadanos constituidos en mercado político-electoral, así como los diversos fenómenos relacionados con el intercambio político que se producen en una sociedad democrática.

El CV de la Imagen

Hemos comentado en otros capítulos que la imagen es resultado, ya sea de lo que se hace o deja de hacer, de las relaciones que fomentamos, de la forma en que nos vestimos, de las actitudes que tomamos frente a los problemas de la vida, así como de lo que decimos y de la forma cómo lo decimos. Es producto, también, de las intermediaciones sociales en las que participamos, principalmente la generada a través de los medios de comunicación. En este sentido, podemos inferir que la imagen se construye día a día, con base en nuestras acciones, actitudes e, incluso, omisiones.

Para construir y cuidar la imagen, es necesario tomar en cuenta algunas recomendaciones, que en este capitulo hemos denominado el CV de la Imagen, mismas que toda persona debe atender, desarrollar y cuidar con especial esmero. El CV puede sen entendido como el *curriculum vitae*, es decir, como todos aquellos antecedentes y, sobre todo, toda la experiencia y capacidad que toda persona tiene y entrega para desarrollar alguna tarea o responsabilidad.

La C de la que hablaremos en este capítulo es la de la confianza, credibilidad, coherencia, consistencia, cortesía y calidad. Por su parte, la V es la de la visibilidad, vitalidad, verbosidad, vestibilidad, versatilidad y voluntad. Es el CV de la imagen, que bien puede ser comparado, como lo hemos señalado, con el curriculum vitae, la trayectoria y experiencia que se requiere para construir y conservar una buena imagen pública.

En el primer apartado hablaremos de la C de la cortesía, la claridad, la coherencia, la competencia, la credibilidad y la confianza.   En el segundo apartado, comentaremos sobre la V de la visibilidad, versatilidad, vitalidad, vestibilidad, verbosidad y voluntad.

La C del CV

Cortesía. Nadie puede tener una buena imagen si no es cortés con los demás. La cortesía es un elemento indispensable en la construcción y gestión de una buena imagen. La cortesía implica una demostración de **respeto y deseo de agradar** o atender a una persona. La cortesía implica, también, atención, respeto y afecto por los demás. La cortesía surge de una entrega auténtica y de ceder voluntariamente al otro parte de nuestro poder, de nuestro placer y quizá de nuestra comodidad.

La cortesía se usa también como sinónimo de 'urbanidad, civilidad, cultura, buena crianza, educación, elegancia, caricia'." En lo particular, el vocablo *cortés* es definido como "atento, afable y obsequioso". Nadie puede tener una buena imagen si es descortés, desatento, altanero y, sobre todo, soberbio.

Claridad. Para tener una buena imagen, también, se requiere la claridad, la cual es una cualidad que implica transparencia y luminosidad. Lo claro es contrario a lo oscuro, que implica turbiedad. Toda persona debe tener claridad sobre sus metas y propósitos, saber claramente qué es lo que quiere, qué se propone hacer y sobre todo, dar a conocer a los demás sus métodos y procedimientos para obtener lo que se requiere.

Ser claro implica también el poder comunicarse adecuadamente con los demás, el no tener intenciones ocultas siendo claro en sus propósitos y formas.

Credibilidad. La credibilidad es una carcateristica que otorga el ser humano a otro en sus relaciones e interrelaciones. Alguien le cree, por ejemplo, a otro porque está convencido y persuadido de que tiene la razón. La credibilidad implica entrega, fe, creencia y confianza de una persona sobre otra.

No existe la credibilidad absoluta, sino que hay ciertos niveles de credibilidad. Alguien tiene un bajo o nulo nivel de credibilidad, otros una intermedia credibilidad y algunos otros, una alta credibilidad.

Una de las divisas más importantes de un buen político es generar y tener credibilidad. De hecho, la mala imagen de una persona genera poca o nula credibilidad. Es decir, buena imagen y alta credibilidad son dos fenómenos interrelacionados. Al contrario, una mala imagen está ligada a una baja credibilidad. Recuérdese que la credibilidad es como la virginidad. Una vez que se pierde, ya no se recupera."

La credibilidad de una persona se construye a partir de la congruencia entre lo que dice, lo que hace y lo que transmite su apariencia. Si alguien dice una cosa y hace otra, lo más posible es que no tenga credibilidad alguna. Por el contrario, si alguien dice algo y es congruente con su decir y su hacer, lo más seguro es que tenga una alta credibilidad.

Coherencia. Implica, como la congruencia, una conexión entre una cosa y la otra a través del tiempo. En política, la coherencia ayuda a formar una muy buena imagen. Connota no sólo consistencia entre lo que se dice y lo que se hace, sino incluso, entre lo que se dice en un determinado momento y bajo una determinada circunstancia y lo que se dice en otra. Ser coherente implica mantener una misma postura sobre un determinado tema, a pesar de que el auditorio tenga una postura crítica, e incluso, adversa, sobre el tema.

El ser coherente implica también la congruencia entre el decir y el hacer. Es decir, implica la consistencia entre lo que pregona y lo que hace. Si alguien, por ejemplo, predica a favor del medio ambiente, pero desperdicia innecesariamente el agua en su casa, sin duda, que es un incongruente y, por lo tanto, esta incongruencia afectará su imagen.

De hecho, uno de los talones de Aquiles de la mayoría de los políticos es la falta de coherencia entre lo que se dice y se hace e, incluso, entre lo que se dice en un momento y lo que se afirma en otro.

Es muy fácil perder la confianza y la credibilidad de las personas que fallan a partir de la falta de coherencia. Por eso, en el caso de las campañas electorales, el exceso de promesas y las incoherencias de los candidatos en sus discursos disminuye la confianza de los ciudadanos.

Competencia. No se puede tener una buena imagen si no se es competente en algo. La competencia es la capacidad real para lograr un objetivo o resultado en un contexto dado. Tiene que ver con los saberes tanto teóricos como técnicos. Implica el saber, el saber ser y el saber hacer. El saber teórico (conocimientos teóricos), el saber práctico (habilidades y destrezas) y el saber social (actitudes).

Si una persona es incompetente, sin duda, que su imagen se verá desfavorecida. Por el contrario, si es competente su imagen se mejorará. En política las competencias principales son el saber comunicarse, saber relacionarse, saber emocionar, saber dirigir o liderar, saber emprender, saber escuchar y saber aprender.

Confianza. La buena imagen está muy ligada a la capacidad de generar confianza entre los demás. La confianza es un sentimiento básico y fundamental de toda organización. Es una esperanza firme o la seguridad que se tiene en que una persona va a actuar de una determinada manera o que una cosa va a funcionar como se desea. La confianza se genera como parte de una relación interpersonal. Implica, de cierta manera, familiaridad, fe, esperanza, consistencia, seguridad, amistad y confidencia. Henry Louis Mencken decía que la confianza es el sentimiento de poder creer a una persona, incluso cuando se sabe que él mentiría en nuestro lugar.

El dar y recibir confianza es una de las cualidades centrales del ser humano. El hombre confía y da confianza como parte de su naturaleza gregaria, pero también desconfía y retira esta confianza de acuerdo a su experiencia.

La confianza se construye a partir de una buena relación e información entre dos y más individuos. Existe una correlación entre la cantidad de información, contacto y experiencia con la institución, grupo o persona y los niveles de confianza. De hecho, el liderazgo es la capacidad de concitar confianza. La confianza en sí mismo es el primer secreto del éxito.

De acuerdo a un sondeo realizado por Gallup y la BBC en el 2006, sólo 13 % de la población mundial confía en la clase política. En esta encuesta internacional, de tamaño con pocos precedentes que involucró a 68 países y 50.000 consultados, indicó que los políticos figuran últimos en la escala de confianza de la gente con un 13 por ciento, nivel que se desploma a un cuatro en América latina.

En materia política, el exceso de promesas y las incoherencias disminuye la confianza. Al respecto, Aristóteles decía que "los discursos inspiran menos confianza que las acciones." En este mismo sentido, Rudolph Gulianni señala, "el mejor político es aquel que promete poco y hace mucho. El peor político es aquel que promete mucho y hace poco."

La otra parte del CV

Visibilidad. Para construir una buena imagen, se requiere, también, lograr una alta visibilidad social, ya que si la gente no sabe de tu existencia, no serás una opción a escoger para ellos. Esto implica el procurarse un mayor protagonismo en la vida pública, buscando espacios en foros, eventos sociales y políticos y, sobre todo, en medios de comunicación. En este sentido, se requiere formar parte del estruendo mediático que caracteriza hoy día la vida política, buscando ser más visible por tu desempeño y determinaciones.

Vitalidad. No se puede construir tampoco una buena imagen si no se proyecta energía, vivacidad y vitalidad. Toda persona requiere mantener un equilibrio energético, pero sobre todo, mostrarse como un ser vivo, con fuerza, vigor, brío, ánimo y fortaleza para afrontar cualesquier desafío. La vitalidad implica el mantener una actitud positiva ante la vida y sus diferentes problemas, así como perseverar para alcanzar los objetivos establecidos. La vivacidad implica una orientación pragmática para alcanzar resultados y la astucia necesaria para poder afrontar los problemas y desafíos de la vida. Vivacidad es sinónimo de inteligencia, astucia, agudeza y habilidad para lograr cosas y objetivos.

Verbosidad. Para construir una buena imagen se requiere también ser maestro de la oratoria, la comunicación y la retórica. Por ello, se debe cuidar todo, desde el carisma de la voz, la entonación, la forma y fondo del lenguaje. La verbosidad implica la capacidad de poder comunicar ideas, indicaciones, sentimientos y esperanzas, así como el poder verbalizar con atino y distinción los pensamientos y emociones. Ser grandes tribunos, con una gran elocuencia para exponer ideas de forma magistral.

Vestibilidad. La buena imagen se forma, también, atendiendo la vestimenta y el arreglo personal del individuo, ya que el vestir con elegancia y propiedad es propio de las grandes personalidades. Por ello, es recomendable cuidar con esmero y escrupulosidad los contrastes y combinaciones de la indumentaria, los partes y diseños de la vestimenta y, sobre todo, los colores del vestuario, adecuándolos a la ocasión. Recuérdese que la forma y el color tienen un alto poder persuasivo, ayudándolo a mejorar su imagen.

Versatilidad. Una buena imagen es resultado de la consistencia, pero también de la capacidad de adoptarse a las nuevas circunstancias y entornos. Esto no implica necesariamente la frivolidad y la variabilidad oportunista de la persona, sino el temple para confrontar con seguridad y determinación los retos y desafíos cambiantes de la vida. Ser versátil implica ser competente para enfrentar el cambio y las trasformaciones cotidianas del entorno.

Voluntad. Con voluntad se puede todo. Para forjarse una buena imagen, es importante tener voluntad. Querer hacer las cosas y atreverse a concretarlas. Voluntad es sinónimo de brío, arrojo, atrevimiento y carácter. Si, carácter para intentar y hacer las cosas, para trazarse metas y empeñarse en alcanzarlas. Como decía Víctor Hugo, es la voluntad lo que hace al hombre grande o pequeño. A nadie le faltan fuerzas; lo que a muchísimos les falta es voluntad. Quien tiene la voluntad tiene la fuerza.

Finalmente, para construir una buena imagen se requiere también dejar de lado la vanidad, la vulgaridad y la vacuidad. La vanidad nos lleva a la soberbia y el aislamiento. La vulgaridad afecta la fama pública y la reputación, principalmente entre círculos intelectuales. La vacuidad lleva a la insipidez y al vacío. En lugar de vanidad se recomienda la modestia, en lugar de vulgaridad, cultura y educación, y en lugar de vacuidad, contenido.

El CV implica, también aunque no se desarrolla en este capítulo, por un lado, la C de la calidad, la C de la consistencia y la C de la capacidad y, por el otro, la V de vivacidad y la V de la victoria. En suma, el CV es el camino para construir y gestionar una buena imagen pública. Los peldaños que requerimos recorrer continuamente para llegar al éxito.

LA IMAGEN EN EL CUENTO DEL GATO CON BOTAS

Una de las obras de la literatura universal pioneras en el abordaje, en un sentido "alegórico", de lo que hoy conocemos como la consultoría en imagen, estrategia y mercadotecnia política, lo es, sin duda, el cuento El Gato con Botas. Esta obra, escrita por el francés Charles Perrault a fines del siglo XVII, describe el proceso de construcción de un personaje, que al final logra incorporarse a la familia real, a través de la asesoría y los consejos de un Gato inteligente, valiente y atrevido.

La historia inicia con la muerte de un molinero pobre que deja de herencia a sus tres hijos: un molino, un asno y un Gato. La avaricia de los dos hermanos mayores, Juan y Pedro, hacen que el hijo menor, José, se quede con el felino, el que parecía, a todas luces, ser el objeto de menor valor. Sin embargo, el Gato tratando de complacer a su dueño, para que no lo desechara, le advierte que la mejor parte de la herencia se la habían dejado a él, ya que este pequeño minino le traería grandes satisfacciones, poder y dinero, al grado que sus hermanos se arrepentirían de haber sido tan egoístas en el reparto de la herencia de su padre.

De inicio, este precursor de la consultaría en imagen y estrategia solo le pidió unas botas y una bolsa para iniciar su trabajo, lo cual fue concedido. Con estos instrumentos, el Gato ideó un plan para granjearse los favores del rey, otorgando una serie de regalos propios de la época y el entorno, cazados o recolectados en el bosque, diciéndole al Rey que los presentes recibidos eran enviados por el Marqués de Carabás, quien le profesaba un gran respeto y admiración. Después de tantos regalos y presentes y ante la curiosidad del Rey de conocer a tan noble y gentil caballero, le pidió al Gato que lo presentara. Sin embargo, el inteligente Gato, esperó una mejor ocasión para realizar el deseado encuentro.

Posteriormente, debido a sus indagaciones, el Gato se enteró, por medio de un soldado real, que el monarca realizaría un viaje por su reino, acompañado de su hermosa hija. Entonces, el pequeño felino creyó que había llegado la oportunidad esperada. En ese momento, se dirigió a su amo y le dijo que si seguía sus indicaciones y hacia exactamente lo que debería, se podría considerar dueño de una enorme fortuna. De esta manera, le dio indicaciones para quitarse la ropa, irse a bañar al río y de no salir hasta que se lo ordenara. Después de un pequeño tiempo, apareció por el camino la carroza del Rey y el Gato comenzó a pedir auxilio desesperadamente y a grito abierto, indicando que su amo, el Marqués de Carabás, se estaba ahogando.

Al escuchar los gritos, el Rey ordenó que detuvieran el vehículo y la comitiva real, ya que le resultaba conocido el nombre del Marqués que se encontraba en problemas. En ese momento, el Gato, anteponiéndose en el camino al vehículo le explicó al monarca que su amo había sido objeto del robo de su ropa por parte de unos desalmados bandidos, quienes lo habían también amenazado con darle muerte si salía del agua.

En ese instante, el Rey ordenó a sus sirvientes que le trajeran ropa al Marqués y luego, después de transformar la estampa del pobre hijo del molinero, le presentó a su hermosa hija, quien los acompañaba en el recorrido. En ese momento, el monarca, aprovechando la ocasión para conocer aún más al Marqués del que había oído tanto, lo invitó a acompañarlo a recorrer el reino. El Gato suspiró con satisfacción al saber de dicha invitación, pero conforme avanzaba el vehículo real, decidió adelantarse a la comitiva para seguir con los planes que se había trazado. Unos kilómetros adelante, se detuvo frente a un valle fértil, donde los campesinos segaban las necees, informándoles que el Rey pasaría en breves minutos. El Gato también les indicó, enfáticamente, que deberían decir al Rey, sin que éste les preguntara, que los ricos y extensos sembradíos, los aperos de labraza y las abundantes cosechas pertenecían al Marqués de Carabás, ya que de lo contrario el monarca ordenaría su muerte de manera inmediata. Al pasar el Rey, los campesinos siguieron las instrucciones dadas por el Gato e informaron que estos campos pertenecían al Marqués de Carabás. Así, la caravana real recorrió grandes territorios, encontrándose con pescadores y otros personajes que informaban, por instrucciones previas del Gato con Botas, que todas las riquezas y propiedades vistas pertenecían a dicho Marqués.

En el trayecto del recorrido, el joven José y la hija del Rey, también adolescente, se habían enamorado. Al final del recorrido, el Rey llegó a un grande y hermoso castillo que pertenecía a un terrible ogro, quien tenía la habilidad de trasformarse en el animal que deseaba. Para cuando llegó la carroza real, El Gato con Botas ya había arreglado el escenario y eliminado al horripilante ogro. Cuando el Rey preguntó sobre el propietario de tan enorme mansión, el minino se adelantó diciendo que el castillo era de su amo y señor: el Marqués de Carabás. De esta forma, cada que le preguntaba el Rey al hijo del molinero, éste último movía la cabeza de arriba hacia a bajo o hacia los lados, indicándole que debería de decir. Al final, gracias a los consejos y acciones inteligentes del Gato, el hijo pobre del molinero no sólo agrado al Rey sino que logró casarse con su hija, accediendo con esto a la riqueza y el poder. El Gato, quien había sido pieza clave en esta trama, fue a partir de aquel momento un personaje muy importante.

Las Lecciones del Cuento

Sin duda, El Gato con Botas constituye uno de los primeros documentos del género literario de lo que hoy se conoce como mercadotecnia de la imagen y consultoría política. De este breve cuento, se puede extraer grandes lecciones y razonamientos sobre la construcción de un personaje, la planeación estratégica, la imagen, el análisis del contexto, la preparación de escenarios, la consultoría, la creatividad y el logro de objetivos políticos, entre otras cosas. Por lo que, en éste capítulo, se analizará cada una de estas cuestiones.

Planeación Estratégica de Mercadotecnia

Desde el inicio del cuento, el protagonista principal, El Gato con Botas, tiene claridad de lo que desea y fija con precisión los objetivos a alcanzar: lograr poder y riqueza para su amo. Sin embargo, pone algunas condiciones que deben ser satisfechas por parte del hijo del molinero: una serie de recursos iniciales (unas botas y una bolsa ó saco) para poder trabajar (cazar animales o recoger frutos del bosque) y la necesidad de que se sigan todas las indicaciones dadas por él.

De esta manera, el Gato constituye un plan para alcanzar el objetivo buscado e inicia su implementación. Primero, sabe que para poder acceder a la riqueza y al poder debe acercarse a las fuentes de dicho poder, que es la monarquía personificada por el Rey. También sabe que para lograr el objetivo debe cortejarlo y elogiarlo para atraer su atención y ganarse su voluntad. Por ello, inicia toda una serie de acciones que incluyen la entrega de regalos y cumplidos, el lenguaje florido y elogioso por parte del Gato como enviado del hipotético Marqués, el cultivo del ego del monarca y, sobre todo, el dotarlo de información sobre la lealtad y reverencia al Rey de uno de sus súbditos. El Gato también indaga sobre las actividades y agenda del monarca, así como las características del medio en el que se desarrolla la historia, como lo es la existencia de los cultivos, lagos y castillos del reino.

De esta forma, en el cuento se introducen la gran mayoría de los elementos integrantes de lo que es la planeación estratégica en mercadotecnia, que incluye los objetivos, las metas, el análisis del entorno y los planes de acción, restando solamente lo concerniente a la evaluación y retroalimentación, que puede deducirse, fue realizado por el inteligente minino conforme avanzaba su plan.

b. La Imagen y la Construcción del Personaje.

Una de las preocupaciones centrales del Gato con Botas era trasformar la imagen del pobre hijo del molinero en un próspero y diligente aristócrata, ya que para lograr la anhelada riqueza y el poderío, el gran monarca debería de formarse una percepción correcta y positiva de este personaje.

En el cuento, el Gato se preocupa por la imagen no sólo de su amo, sino también de la percepción que los demás actores deben tener de él mismo como embajador o enviado plenipotenciario de tan importante y gentil Marqués. De esta forma, el Gato pide unas botas que, a la luz de los acontecimientos, lo hagan ver como un individuo cercano a la realeza, generando, a decir por su vestimenta, credibilidad de lo que dice y hace. Con esta nueva presentación, el otrora humilde y vulgar gato se transformara en un cercano colaborador de un actor político importante, como lo es el Marqués de Carabás, a quien los soldados y custodios del palacio real le permitieron frecuentemente el acceso y el contacto directo con el monarca.

Para hacer creer al Rey, que el hijo del molinero realmente era un cortesano rico y poderoso, el Gato se preocupó por su vestimenta, ya que de la forma como José vestía era muy posible que el Rey no le mereciera mayor crédito y respeto. Consecuentemente, el Gato ideo la escena del río, en la que haría creer al Monarca que su amo había sido sujeto del ataco por parte de unos malvados ladrones, quienes además de hurtarle la ropa, le habían amenazado con quitarle la vida si salía del río. De esta forma, el pobre hijo del molinero pudiera hacerse, ante los favores del rey, de una vestimenta propia de un miembro de la familia real, demostrado con riquezas y alcurnia característico de este tipo de personajes.

El Gato se preocupó también por la construcción de la imagen de un real y prospero Marqués, no sólo en boca de unos pocos, sino además de una gran cantidad de súbditos (campesinos y pescadores), que habitaban en el reino. Por ello, tomó las previsiones debidas y se adelantó para preparar un escenario que fuera acorde a las expectativas del Rey. De esta forma, presuroso avanzaba a la vanguardia para instituir a los campesinos y pescadores, informándoles de la inminente visita del Monarca y de qué riesgos se corrían si no se decía lo que él les había indicado (El Marqués de Carabás era el propietario de grandes y ricas extensiones de tierra). Fue así como es gran estratega y precursor de la consultoría política supo construirle una imagen ideal al pobre hijo del molinero y lograr el objetivo buscado.

c. El Diagnóstico Sociopolítico.

Lo que primero hizo el pequeño felino fue conocer el contexto y las condiciones en las que se encontraba el hijo del molinero y el monarca de esa época. Tuvo que investigar lo que le gustaba al Rey, como los regalos y los elogios, las riquezas con las que contaba, incluyendo, por su puesto a su hija. Tuvo que conocer, además, las actividades del soberano, así como su agenda de trabajo. De esta forma, el pequeño mamífero domestico estuvo en condiciones para idear y poner en operación su plan.

El conocimiento del contexto, las circunstancias y particularidades de los principales protagonistas de esta historia constituyen, en esencia, una real investigación de mercado, donde se indaga sobre las formas de pensar, así como de las riquezas y de las predilecciones del monarca. No sabemos, a ciencia cierta, que método de investigación utilizó, pero si podemos intuir que para conocer con precisión el contexto donde se desenvolvía el Rey, el minino tuvo que hacer uso de la investigación cualitativa, proporcionada por informantes claves y realizar trabajo directo de campo. En otras palabras, lo que hoy se conoce como investigación de mercados, como el elemento importante de la mercadotecnia política para la toma racional de las decisiones, tuvo que ser realizada por el Gato como gran consultor y estratega político.

d. Recursos Necesarios y Delegación de Autoridad.

El Gato con Botas, como cualquier consultor de mercadotecnia política, para poder ofrecer resultados, demandó una serie de condiciones que le permitieran tener bajo su control el proceso. En primer lugar, necesitaban herramientas y recursos para trabajar, las cuales debían ser proporcionadas por el amo. De esta forma, el hijo del molinero tuvo que hacer una pequeña inversión para comprarle al Gato las botas y la bolsa que le permitió cazar animales del bosque y recolectar frutos para el Rey.

En segundo lugar, el felino demandaba tener "autoridad" para hacer con libertad su trabajo y poner en operación lo planeado, exigiendo se siguieran al pie de la letra las instrucciones dictadas por él para alcanzar los objetivos trazados. El Gato, además, supo trasmitir con precisión a su amo los propósitos que se alcanzarían de seguirse fielmente sus indicaciones, poseyendo también la habilidad de trasmitir seguridad y ganarse la confianza de su superior. De hecho, conforme transcurría la historia, el Gato se convertía en el verdadero guía de las acciones y en el consejero principal en las decisiones del joven molinero.

En tercer lugar, el Gato debería estar no sólo en la avanzada, preparando el recorrido de la caravana real, sino también al lado del hijo del molinero, ya que el joven José necesitaría algunos consejos e instrucciones para no estropear los planes establecidos. De esta forma, el Gato consideró más apropiado esperar la ocasión de un viaje de su alteza por el reino para presentar a su amo y hacerse al objetivo buscado. Por su parte, José tuvo que seguir al pie de la letra todas las indicaciones, hasta el hecho de meterse desnudo a un río en espera del Rey.

Consideraciones Finales

El Gato tuvo la habilidad para pavimentar el camino al hijo del molinero para llegar al poder, le construyó una imagen en base a las características que presentaba (recuérdese que era guapo y buen mozo y parecía, con la nueva vestimenta, un real Marqués), estuvo siempre atento para preparar todos los detalles (la avanzada, los consejos prácticos, la escena del río, etc.), tuvo la valentía para enfrentar al terrible ogro del hermoso castillo y finalmente logró que José se casara con la princesa, incorporándose a la familia real, al tomar los sagrados sacramentos del matrimonio. En otras palabras, supo construir desde la nada a un personaje que logró ser exitoso y feliz en su vida. El Gato con Botas se transforma, de esta manera, en un primer gran consultor de imagen que sabe llevar al poder al pobre hijo del molinero, indicándole el camino y las acciones que requiere desarrollar para alcanzar el objetivo buscado.

El cuento del Gato con Botas constituye una historia que nos motiva ha hacer unas reflexiones sobre los principios y fundamentos del marketing de la imagen, a la luz de esta gran obra de literatura universal. Ciertamente, en la época en la que esta escrito el cuento, la mercadotecnia como tal no existía, ya que no se habían presentado las acciones propias para el desarrollo de esta disciplina, como lo es la universalización del sufragio, el respeto del estado de derecho, la constitución del mercado electoral, el desarrollo y socialización de la tecnología de la comunicación y el predominio de un régimen político democrático y pluralista. Cabe recordar, que el cuento se desarrollaba bajo un régimen político autoritario, ya que en su época (fines del siglo XVII e inicios del XVIII) predominaba la monarquía absoluta y la falta de reconocimiento de los derechos políticos del pueblo, tal y como hoy se reconocen.

En nuestros días, el soberano de esta historia puede ser, ya no el rey sino el electorado, que, al menos en teoría, es el depositario del poder público, la máxima autoridad de la sociedad moderna. Por su parte, el hijo del molinero es el candidato que busca alcanzar el poder. La princesa hija del rey es la materialización de ese mismo poder público, que es alcanzable y atractivo. El felino es el consultor de la mercadotecnia quien diseña las estrategias de imagen, tiene la autoridad y recursos suficientes para "ordenar" y aconsejar a su patrón para actuar y decidir conforme a los cánones de la política.

Sin duda, El Gato con Botas es una obra literaria de inigualable valor, pionera de lo que hoy es la consultoría en mercadotecnia de la imagen, escrita por Charles Perrault, artista francés de la época medieval, creador de otros cuentos e historietas de validez y alcance universal como Pulgarcito, Caperucita Roja y la Bella Durmiente, entre otros.

La Metamorfosis de la Imagen:
El caso de Vicente Fox

Introducción

La imagen la hemos definido, en otros capítulos, como la percepción que los demás tienen sobre nosotros. Al vivir en sociedad, los seres humanos, como seres gregarios, somos sujetos obligados de percepción por los demás. En este sentido, la imagen es ineludible e inevitable, ya que siempre somos sujetos de ser percibidos por los otros.

Una de las características de la imagen pública es su alto nivel de dinamicidad, ya que las percepciones cambian con el tiempo, debido a una serie de factores, como la experiencia del perceptor (el que percibe), el conocimiento más profundo del perceptor sobre el sujeto percibido o, incluso, por la sobre exposición de la imagen del sujeto percibido, que puede hartar, cansar o fastidiar a la gente.

La imagen está en constante cambio, también, por las diferentes acciones de los sujetos percibidos, ya que ésta se construye a través del tiempo a partir de sus actos, palabras, actitudes, apariencias e, incluso, omisiones, pudiendo, de esta forma, ser creada de acuerdo a ciertos intereses y decisiones predeterminadas. Sin embargo, así como se construye la imagen, también, se deteriora a partir de las acciones indebidas, palabras desafortunadas, actitudes controvertidas u omisiones de los sujetos percibidos.

De hecho, sin temor a equívocos se puede decir que la imagen está en permanente cambio, ya sea en sentido positivo (constructivo) o en sentido negativo (erosivo), debido a que los sujetos perceptores cambian también constantemente su percepción, al "cambiar su mirada".

Ahora bien, al igual de lo que pasa en el caso de la opinión pública, que no existe como tal,[48] sino varias o múltiples opiniones públicas, también no existe una sola imagen pública, sino múltiples percepciones sobre un determinado sujeto. Esto es, como la imagen es también relativa, no puede existir una sola forma de percibir a los sujetos, ya que cada perceptor se forma su propia imagen, auque si puede existir una percepción mayoritaria o coincidencias sociales sobre la imagen de un determinado sujeto.

Lo anterior viene a colación para tratar de explicar el caso del ex presidente de México, Vicente Fox Quesada, quien fue el titular del poder ejecutivo entre los años 2000-2006 y quiera fuera el personaje que logró, gracias al apoyo popular

---

[48] Véase Santiago, Gustavo y Varela Analía, *Marketing Político Electoral para Municipios*, Argentina: La Crujía Ediciones, 2006.

que concitó su candidatura, "sacar de Los Pinos" al otrora poderoso Partido Revolucionario Institucional (PRI).

El estudio del fenómeno Fox resulta un caso paradigmático para abordar el estudio de la imagen y sus cambios a través del tiempo. De ser un candidato carismático e irreverente, pasó a ser considerado, al inicio de su mandato, como un gran estadista, quien logró concretar, bajo su liderazgo, la alternancia política en México, después de más de setenta años sin cambio del partido en el gobierno. De esta forma, Fox inició su mandato constitucional con un gran capital político, considerado además, como un gran demócrata, principalmente a nivel internacional, quien derrotara al otrora partido hegemónico de Estado, el más longevo en el poder en todo el orbe. Sin embargo, ya para mediados de su sexenio, la percepción sobre el presidente había cambiado, ya que muchos ciudadanos lo calificaban como "mandilón"[49] altamente manipulado por Martha Sahagún, su nueva esposa.

Para fines de su mandato, Fox fue catalogado por una parte amplia de la sociedad mexicana como "un traidor de la democracia," ya que su alto protagonismo e incidencia directa, a través de promocionales en medios de comunicación financiados con recursos públicos, durante la campaña presidencial del 2006 (para tratar de incidir en los votantes a favor del candidato de su partido) fue considerado como una acto perverso y descarado que atentaba contra el principio de equidad en la contienda, característico de todo sistema de cuño democrático. Finalmente, después de dejar el poder y por revelaciones propias, en el mes de septiembre del 2007, a la revista de sociales *Quien* dedicada a describir la vida de los ricos y los famosos, el ex presidente mostró con frivolidad la riqueza que había acumulado, reflejada, en parte, en su rancho "La Estancia," pegado al cortijo San Cristóbal, también de su propiedad, ubicado en su estado natal de Guanajuato, lo que le generó la imagen de rufián y corrupto.

De esta forma, la imagen de Vicente Fox, como alguien "tonto pero honesto," quedó rota en pedazos. Ante los ojos de la mayoría de los ciudadanos, Fox y su familia se enriquecieron a costa del erario público, como ha pasado con la mayoría de los ex presidentes de México. Ahora, una comisión de la Cámara de Diputados y la Procuraduría General de la República lo investigan para ser llamado a cuentas para que explique sobre la fortuna que logró amasar en tan sólo seis años como presidente de la república.

Fox el irreverente

Desde 1929, cuando Plutarco Elías Calles convocó a formar el Partido Nacional Revolucionario (PNR), que luego se transformó durante el gobierno de Lázaro Cárdenas del Río en 1938 en Partido de la Revolución Mexicana (PRM) y que

---

[49] Mandilón es un término usado para describir al individuo que es "sometido" por su esposa, de quien depende completamente para tomar sus decisiones. Al mandilón "lo manda su mujer" y hacer, en consecuencia, lo que ella quiere u ordena.

después, en 1946, adoptara el nombre de Partido Revolucionario Institucional (PRI), este instituto político mantuvo la presidencia de la república hasta julio del 2000. Es decir, por más de setenta y un años el PRI fue el partido que hegemonizó el poder en México, ganando invariablemente las elecciones presidenciales. De hecho, partidos y dirigentes políticos de todas las latitudes viajaban a México para estudiar de cerca este raro fenómeno de larga longevidad de un partido político en el poder, ya que no había en el mundo ningún otro referente al respecto.

Sin embargo, en el año 2000, un personaje que logró primero "imponer" su candidatura al Partido Acción Nacional (PAN), ya que no tuvo contendiente en la elección interna y que no tenía mayor experiencia de gobierno que el haber sido gobernador del estado de Guanajuato y diputado federal, logró derrotar por un margen de 7.5 por ciento al PRI en la elección presidencial de ese año. Este personaje que gustaba usar votas, montaba a caballo y llamaba a su mujer por medio de un silbido, era Vicente Fox Quesada, "el candidato del cambio que México necesitaba."

Durante su campaña presidencial uso un lenguaje irreverente en contra de las instituciones y sus opositores. Los llamó, por igual, tepocatas, víboras prietas o marranos. Lo protocolario fue sustituido por lo coloquial, el fondo por la forma. Fue un candidato bravucón, carismático, populista e irreverente que concitó el apoyo de millones de mexicanos, quienes veían en él la esperanza de un cambio para mejorar su lacerante situación. De esta forma, logró el voto mayoritario en la elección presidencial y el reconocimiento por sus opositores y la autoridad electoral como un presidente legal y legítimo, resultado de un proceso intachablemente democrático.

El estadista

Ya como presidente de la república, Fox consolidó su imagen como estadista, ya que su lucha, según decía, estaba encaminada a llevar al progreso y desarrollo a la nación y sus habitantes.

En su primer año como titular del poder ejecutivo, Fox recibió reconocimientos nacionales e internacionales. Gozaba de una alta popularidad y reconocimiento por propios y extraños. Fue un año de plena "luna de miel" con los medios de comunicación, mientras que sus opositores y críticos se mostraban, incluso, complacientes con su gobierno.

De esta forma, el candidato irreverente se transformó en el estadista que México necesitaba, consolidando su imagen a través de una intensa y costosa campaña mediática, sustentada en el principio foxista de que gobernar era comunicar.

El demócrata

A nivel internacional, Fox consolidó su imagen como el gran demócrata que había logrado lo que se creía imposible: terminar con la "dictadura perfecta" en México, como atinadamente la describió Mario Vargas Llosa.

Fue así como la imagen de Fox se asoció no sólo a la alternancia, como prerrequisito de la democracia, sino como el gran demócrata que logró cambiar el sistema político mexicano.

De hecho, el tema de la transición a la democracia y el papel jugado por Vicente Fox en la misma era recurrente en los primeros años de su gobierno, abordado tanto por analistas, políticos e, incluso, por críticos del propio presidente. De esta forma, la imagen del "presidente de la democracia" sustituyó al del candidato irreverente, propio de la etapa electoral.

El mandilón

El 2 de julio del 2001, un año después de las históricas elecciones que lo llevaron a la presidencia, Vicente Fox contrajo matrimonio con Martha Sahagún, una ex colaboradora en Guanajuato y ex empleada de la oficina de comunicación social de la presidencia. Martita, como se le conoce, es una mujer habilidosa y astuta oriunda de Zamora, Michoacán, que supo, desde que Fox era gobernador, ganarse su confianza y su cariño.

A partir del enlace matrimonial del presidente y ante el surgimiento de problemas propios del cargo, la imagen de Fox como estadista y demócrata, se fue desdibujando. Martha se encargó, por un lado, de retirarle a Fox la gran mayoría de sus amigos y correligionarios, quienes le habían ayudado a ganar la postulación del PAN y después la candidatura presidencial, como es el caso de Lino Corrodi, cerebro financiero de lo que fuera "Los amigos de Fox."[50] Por el otro, Martita impuso su carácter desde un inicio y logró un alto protagonismo en la política mexicana, de tal manera que era ella y no el presidente, según trascendía, la que estaba detrás de muchas de las decisiones que se tomaban en las más altas esferas gubernamentales.

De esta forma, la imagen de Fox se asoció a la de un "mandilón." Es decir, con la de alguien que no toma sus propias determinaciones y es libre para decidir los asuntos que le conciernen, sino alguien a quien lo "manda" su pareja. La otrora imagen de un candidato brioso, que denostaba a Francisco Labastida, entonces candidato del PRI, llamándolo "mariquita" y "lavestida", ahora se había convertido en un simple "mandilón." Por su parte, la imagen de Martita trascendió como la de

---

[50] Los Amigos de Fox fue un grupo de empresarios y políticos que apoyaron la pre candidatura y candidatura de Vicente Fox a la presidencia de la república. Era una especie de red ciudadana, una estructura política paralela al PAN y que, de acuerdo a sus dirigente, ayudó a Fox a conseguir, al menos, tres millones de votos en la elección presidencial del 2000.

una mujer sagaz y manipuladora, que se aprovechaba de la bondad del presidente.

Martha llegó incluso y, convenció a Fox, de sondear la posibilidad de ser postulada como candidata a la presidencia de la república para la elección del 2006, aduciendo una alta popularidad y aceptación por la mayoría de los mexicanos. De esta forma, la imagen y el protagonismo de la "primer dama" se vio sobrepuesta a la del propio presidente.

Para tratar de justificar su blandeza de carácter, la presidencia de la república impulsó entonces una intensa y larga campaña mediática en la que se señalaba que los mexicanos "No votaron por un rey ni por un dictador," sino por la tolerancia y por una forma diferente de hacer política. Sin embargo, sus críticos apuntaban, con cierto tono de sarcasmo, que el pueblo de México tampoco había votado por ningún "mandilón."

El presidente tonto, pero honrado

A mediados de su sexenio, Fox era considerado por una gran parte de mexicanos como "un presidente tonto, pero honrado." Era una persona, se decía, con buenas intenciones, que se equivocaba constantemente en sus discursos,[51] pero que estaba lleno de bondad y buenas intenciones.[52]

Un presidente que dependía, en muchas de sus decisiones, de su esposa, quien ya se había convertido, para entonces, en la mujer fuerte de Los Pinos; se estaba entonces, ante un presidente Fox que no tenía malicia, pero tampoco maldad.[53]

De esta forma, se impuso entre el colectivo mexicano la imagen de "un presidente tonto, pero honrado," quién era "usado" por su esposa y sus familiares para hacer negocio con fines de lucro personal al amparo del poder público. Era Martita y sus hijos, se decía, los que están abusando del poder y se están enriqueciendo, pero el presidente no lo está haciendo e, incluso, ni siquiera está informado de lo que pasaba.

---

[51] En una ocasión, que trascendió como un *lapsus mental*, llegó a decirles a las mujeres "lavadoras de dos patas."

[52] En ese entonces se hizo popular el vocero presidencial, Rubén Aguilar, quien constantemente enfrentaba a los medios para aclarar "lo que quiso decir el presidente."

[53] El 14 de octubre del 2007, su ex vocero presidencial Rubén Aguilar, señaló en una conferencia a universitarios que las constantes equivocaciones discursivas, majaderías y señalamientos altisonantes (conocidas como las fosadas) de Vicente Fox, nunca fueron errores, sino que formaron parte de una estrategia de comunicación del presidente para lograr una mayor popularidad entre el circulo verde de la sociedad. Es decir, entre aquellos que están retirados o son ajenos a la política.

El traidor de la democracia

Para mediados del 2005, Fox se había empeñado en evitar, a toda costa, que el entonces jefe de gobierno del Distrito Federal, Andrés Manuel López Obrador (AMLO), fuera quien lo sucediera en el cargo como presidente de la república. Para ello, impulsó su desafuero por haber desacatado una orden de un juez por la autorización de una obra vial de acceso a un hospital privado. Al fracasar dicho desafuero, Fox se empeñó, usando no sólo su embestidura presidencial sino también los recursos públicos a su alcance, para publicitar los "logros de su gobierno" en plena campaña presidencial, tratando de influir en la conducta de los votantes a favor del candidato de su partido (PAN) y en contra del candidato de la Alianza por el Bien de Todos (AMLO).

De esta forma, en pleno año electoral Fox utilizó 1,500 millones de pesos del erario público para financiar sendas campañas publicitarias en las que se señalaba que México marchaba por buen camino y de seguir así las cosas iban a ser mejor. El propósito de tal despropósito fue intervenir en el proceso electoral para asegurar que su candidato ganara, como finalmente pasó, la contienda presidencial.

En sus diferentes presentaciones públicas criticaba abiertamente al populismo, alertaba a la población sobre los peligros que representaba el candidato de la izquierda, llamaba a votar con responsabilidad para no regresar al pasado, e incluso, llegó a decir, por motivo de la celebración del día mundial del no fumar que deberíamos combatir el tabasquismo,[54] en lugar de decir el tabaquismo.

Su intromisión en el proceso electoral fue tal que el propio Tribunal Federal Electoral (TRIFE), organismo constitucional que califica las elecciones presidenciales, reconoció la intromisión del presidente Fox, vulnerando el principio de equidad en la contienda que establece la propia constitución general de la república. Además, el alto protagonismo de Fox en la campaña presidencial dio origen a que AMLO haya hecho varios llamados al presidente indicándole, en un tono despectivo, "Ya cállate Chachalaca," lo que indudablemente, demeritó su investidura presidencial.

Al finalizar su sexenio, Fox ni siquiera pudo leer su último informe de gobierno ante el Congreso de la Unión, como era la costumbre, siendo calificado por una amplia parte de la sociedad como "traidor de la democracia," ya que, según se decía, él se había beneficiado de la larga lucha de la sociedad mexicana por democratizar el sistema político, pero había traicionado dichos principios, actuando como los ex presidentes priístas para imponer a su sucesor.[55]

---

[54] Sus principales adversarios, Andrés Manuel López Obrador como Roberto Madrazo son originarios de Tabasco, un estado localizado al sureste del país.

[55] En una entrevista por motivo de su nuevo libro "Revolución de la esperanza" realizada en Los Ángeles, Estados Unidos el 17 de octubre del 2007, por el periodista Rubén González Luengas de la cadena de televisión Telemando, Vicente Fox mostró su talante antidemocrático al responder de manera majadera e intolerante al comunicador algunos de los cuestionamientos sobre el origen de su fortuna. "Lo que tengo está

La abierta intromisión de Fox en la contienda electoral, unido a las sospechas de un fraude electoral, la campaña negativa del PAN en contra de AMLO y a la inequidad en la contienda presidencial, entre otras cosas, generó uno de los conflictos postelectorales más agudos en la historia contemporánea de México. A diferencia de su antecesor, Fox dejó un país encendido y dividido, marcado por un presidente que había, según amplios sectores sociales, traicionado los principios e ideales de la democracia.

El rufián

Después de dejar la presidencia de la república, Fox continuó con su alto protagonismo político y su manifiesta ágorafilia, exteriorizada en su adicción a aparecer continuamente en los medios de comunicación. Primero, enfrentó un escándalo por querer que lo sigan llamando presidente Fox y no ex presidente. Después quiso dar "el grito" por motivo del día de la independencia de México en su rancho en Guanajuato, sustituyendo a la autoridad legítimamente constituida, a quien le corresponde dicho protocolo.

Para el mes de septiembre del 2007, Fox se mostró en la revista *Quien*, dedicada a entrevistar a los ricos y famosos, como un hombre acaudalado, con amplias y costosas propiedades propias de un magnate, lo que generó el peor escándalo que haya sufrido este personaje.

De esta manera, al ser publicitadas sus propiedades y riquezas, no sólo por esta revista de sociales sino por la gran mayoría de los medios de comunicación, la imagen de Fox se asoció a la de un rufián, quien había usado el poder presidencial para enriquecerse a costa de los impuestos de los mexicanos. Fue así como tomaron mayor fuerza y sospecha casos controvertidos de corrupción durante su sexenio, como el de la Enciclopedia o la construcción de la biblioteca Vasconcelos, por señalar algunos.

La imagen de estadista, demócrata y hombre honesto que tenía todavía en algunos sectores de la sociedad se estaba deteriorando. La sospecha era más que evidente. Las fotos no dejaban la menor duda. Fox no sólo había traicionado a la democracia, sino que, como muchos de los ex presidentes mexicanos, se había enriquecido al amparo del poder público. En ese tiempo, fue sujeto de una investigación judicial por enriquecimiento ilícito y nueve delitos más tanto por la Procuraduría General de la República como por una comisión especial de la Cámara de diputados.

Consideraciones finales

---

allí. Mal entrevistador. Mentiroso. Calumniador. Hazme bien las preguntas. Te reto a ti a no decir mentiras. Demuéstrame lo que estás diciendo. Yo tengo muchas propiedades ¿qué tu no tienes? Eres mal entrevistador. Eres un vulgar, estupido," fueron algunas de las expresiones de Fox en contra del periodista.

La imagen de un gobernante, como fenómeno perceptivo, se construye en positivo o se destruye a través del tiempo, no sólo por las palabras sino, principalmente, por los hechos. Es decir, toda imagen se edifica o se demuele. De ahí la importancia de preocuparse y ocuparse por el estudio de las percepciones sociales y, sobre todo, de los métodos y procedimientos para construir y mantener, en una perspectiva de mediano y largo plazo, una buena imagen, ya que "en política la percepción es la realidad."

Reacuérdese que la imagen es resultado de muchos factores, tanto de lo que hagamos como de lo que dejemos de hacer, de lo que digamos e, incluso, de la forma en la que lo decimos. Hoy día, la imagen se ha convertido en un factor real de poder y en un referente social sobre la que se cristalizan las esperanzas de mucha gente.

La imagen de todo gobernante no es para siempre, ya que las percepciones y valoraciones sociales están en un constante cambio.[56] Una imagen puede deteriorarse, no importa cuanto tiempo se venga cuidando, en un momento de descuido o de excesos puede desbaratarse. Muchos políticos han llegado al poder gracias a su buena imagen, pero una vez en la "silla," sus acciones, abusos u omisiones termina por arruinarlos. El caso analizado en este escrito, muestra claramente el proceso de metamorfosis de la imagen de Vicente Fox, quien pasó, ante los ojos de amplios sectores de la sociedad, de héroe a villano, de titán a rufián.

Ante la mirada de muchos mexicanos, Fox fue un presidente omiso que abdicó no sólo ante los poderes fácticos, sino incluso ante su esposa. Su manifiesta abdicación lo llevaron a pronunciar la famosa frase, que reflejaba su desistimiento confeso: "¿Y yo, por qué?".

Ni el escándalo electoral conocido como "los amigos de Fox," originado por el hecho de haber recibido dinero ilegal proveniente del extranjero para financiar su campaña, ni las constantes declaraciones desafortunadas que trascendieron folclóricamente a la opinión pública (fosadas) deterioraron tanto la imagen de Vicente Fox, como el hecho de aparecer, por *motus propio*, en una revista exhibiendo, para sorpresa de muchos, sus propiedades y afectos.

La permanente sospecha social sobre la integridad y honradez de los políticos muy arraigada, por cierto, en América latina, que apunta que "todo político exitoso es corrupto, a menos que demuestre lo contrario," sin duda, contribuyó al deterioro de la imagen de este polémico personaje.

---

[56] Metodológicamente hablando, bien pudiéramos ubicar tres diferentes etapas sobre la imagen: la etapa de construcción, mantenimiento y erosión. Lograr las primeras dos reclama un trabajo arduo, disciplina y, sobre todo, la voluntad de realizar cambios importantes. Por su parte, el deteriorar la imagen es lo más sencillo: sólo basta un exceso para demolerla.

Como fue el caso de Carlos Salinas de Gortari (1988-1994), de nada le sirvió al ex presidente que al finalizar su mandato las diferentes encuestas de opinión sobre su sexenio y desempeño no le fueran tan desfavorables. Al final, Fox hizo recordar la ley de herodes muy presente en la historia de los políticos mexicanos: El que no tranza, no avanza!

Sartori, el Nuevo Iconoclasta de la Imagen

1. Introducción

El tema de la imagen siempre ha interesado al hombre. Desde la antigüedad, se consideraba la representación de imágenes, como es el caso de las pinturas rupestres, los grabados y los petroglifos, un medio para trascender y comunicarse con los demás, mismas que fueron plasmadas tradicionalmente en rocas y cavernas. Estas expresiones artísticas primitivas tenían, por un lado, un fin mágico religioso y, por el otro, una forma de representación histórico-cultural para comunicarse con nuevos grupos sociales y generaciones, al representar en sus grabados generalmente al hombre en su interrelación con los animales y el medio ambiente.

En la antigüedad, también, los romanos hicieron un uso intensivo de las imágenes. En un principio, sobre sus monedas se imprimían imágenes de sus dioses (Venus y Ceres). Sin embargo, desde el año 42 antes de Cristo, el emperador Julio César ordenó acuñar monedas (denarios) con su efigie, como parte de sus estrategias para obtener una más alta popularidad y un fuerte respaldo social de su pueblo. Fue de esta manera, como el poder civil se fusionó con el poder religioso utilizando las imágenes impresas en las monedas como medio de socialización política (propaganda) y fortalecimiento del Estado romano.

Esta práctica perduró por muchos años, hasta que el Estado y la iglesia se enfrentaron por el poder político y económico, iniciando el Estado una fuerte campaña para combatir la "idolatría representada por el uso de las imágenes en el culto" a partir del año 730 después de Cristo, ya que este hecho era considerada una práctica pagana contrario a las escrituras.[57] Fue así como los retratos estaban prohibidos, las esculturas se evitaban y las pinturas quedaban reducidas a representaciones simbólicas.[58] De esta forma, el emperador romano León III (el Isaurio) prohibió el culto a las imágenes religiosas y mandó destruir toda representación cristiana de figuras religiosas o del

---

[57] Según el Génesis, Jehová creó al hombre a su imagen y semejanza, por ello el acto humano de crear figuras era percibido como una ambición arrogante y un reto blasfemo del hombre hacia el creador (Isis Saavedra Luna, La Historia de la imagen o una imagen para la historia, Revista Cuicuilco, Sep-dic. del 2003, año 10, número 29, Escuela Nacional de Antropología e Historia, México.

[58] Véase Arnaldo Hauser, El Movimiento Iconoclasta en, http://bibliotecaignoria.blogspot.com/2009/09/arnold-hauser-el-movimiento-iconoclasta.html

evangelio. Esta política iconoclasta fue secundada por su hijo Constantino entre los años 813 y 820.

La prohibición en el uso de la imagen estuvo vigente hasta el año 783, cuando fue restablecido por el II Concilio de Nicea. Sin embargo, habría de imponerse una segunda etapa iconoclasta entre 813 y 843. A partir de este año y hasta la actualidad, los iconódulos, como se llamaban a los apoyadores de la imagen, se impusieron en esta lucha, convirtiéndose la imagen en un medio de propaganda ya no sólo política, sino también religiosa y comercial.

Con el desarrollo de la imprenta, la fotografía y el cine, la imagen logró un mayor protagonismo como medio propagandístico y publicitario. Sin embargo, no fue sino hasta la invención y desarrollo de la televisión y la internet, cuando el imperio de la imagen se impuso como el paradigma hegemónico, ya no sólo en el área propagandística en materia política y religiosa, sino también en la gran mayoría de las acciones y esferas de desarrollo del ser humano.

En la época contemporánea, Giovanni Sartori, uno de los politólogos más importantes del siglo XX, se unió a las críticas en contra del predominio de la imagen, a la cual contrapuso al pensamiento y la razón. De acuerdo con Sartori, un mundo concentrado sólo en ver es un mundo estúpido, ya que la imagen atrofia la capacidad de compresión y construcción del pensamiento abstracto del hombre, afectando con esto su nivel de raciocinio.

En este capítulo, se describirán las tesis centrales de Sartori sobre la imagen, se hará un análisis y discusión crítica de sus postulados y se plantearan algunas conclusiones sobre la importancia de la imagen en las sociedades modernas.

2. Las Tesis Centrales de Sartori

En el libro Homo Videns: La Sociedad Teledirigida (1998) Sartori hace una feroz critica a la imagen y al poder de la televisión. De acuerdo a este politólogo florentino, el h*omo sapiens*, producto de la cultura escrita, está siendo desplazado por el *homo videns*, centrado en la imagen. De esta forma, el *homo sapiens*, un ser caracterizado por la reflexión y por su capacidad para generar abstracciones, se está convirtiendo en un *homo videns*, una criatura que mira pero que no piensa, que ve, pero que no entiende, lo que esta produciendo una especie de regresión evolutiva en la que el hombre está perdiendo la capacidad de pensar y entender.

De acuerdo a Sartori, a los hombres se les educa desde la niñez con base en imágenes, que le enseñan que lo que ve es lo único que cuenta. Un niño formado en la imagen se reduce a ser un hombre que no lee. Será un adulto sordo de por vida a los estímulos de la lectura y del saber transmitido por la cultura escrita. Así, la función simbólica de la palabra queda relegada frente a la representación visual. Dicha formación visual va atrofiando su capacidad para comprender, afectando su capacidad de abstracción, pues su mente crece ajena al concepto que se forma y desarrolla mediante la cultura escrita y el lenguaje verbal.

En consecuencia, un hombre que pierde la capacidad de abstracción es incapaz de racionalizar. El hombre video formado, se ha convertido en alguien incapaz de comprender abstracciones, de entender conceptos, que han sido sustituidos por las imágenes. Es decir, el video ver desactiva nuestra capacidad de abstracción, empobreciendo la capacidad de entender. De esta forma, la cultura de la imagen rompe el delicado equilibrio entre pasión y racionalidad.

Respecto de la televisión, Sartori señala que ésta destruye más saber y más entendimiento que el que transmite. De esta forma, este politólogo niega la posibilidad de formación por medio de la información audiovisual, dudando seriamente de la posibilidad de que la televisión pueda ser usada como vehículo cultural. Sartori agrega, "la imagen no tiene un contenido cognoscitivo, es prácticamente ininteligible." El actor de ver anula, en este caso, el de pensar. La imagen, además, anula la posibilidad de hacer abstracción de los conceptos como democracia, libertad, solidaridad e igualdad, entre otros, ya que un millón de imágenes no dan un sólo concepto.

3. Corrigiendo a Sartori

Como se mostró en el apartado anterior, el Homo Videns: La Sociedad Teledirigida (1998) no sólo es un análisis de la influencia de la imagen y la televisión en la sociedad actual, sino que representa toda una nueva concepción iconoclasta, en la que se culpa a la imagen de muchos de los actuales males de la sociedad. Sin embargo, muchas de las tesis de Sartori están equivocadas y otras sólo representan verdades a medias, como se demostrará a continuación.

En primer lugar, Sartori contrapone la imagen al pensamiento, al anteponer el *homo videns* al *homo sapiens*, la cual en sí es una falacia. De hecho, el hombre piensa en imágenes, ya que no es posible, por ejemplo, que el ser humano piense en un objeto, como puede ser un carro, una casa o una fruta, sin que a la vez se lo imagine. Esto mismo pasa con conceptos abstractos como democracia, libertad, solidaridad y paz social, entre otros. Es decir, el hombre piensa en imágenes (que deriva de imaginar las cosas), ya que incluso las personas que han nacido ciegas o perdido la vista también realizan una representación iconográfica al evocar un pensamiento. Al contraponer la imagen al pensamiento, Sartori no sólo desconoce la esencia de la naturaleza humana, sino que, además, está faltando a la verdad, ya que para el ser humano no es posible pensar más que en imágenes. Al respecto, Aristoteles creía que el pensamiento consistía en imágenes y que dichas imágenes tenían el poder de evocar emociones que revelaban la sabiduría interior.[59]

En segundo lugar, Sartori al tratar de defender la cultura escrita en contra de la imagen muestra un profundo desconocimiento de lo que ésta es y representa, ya que la escritura es y siempre ha sido una imagen simbólica y codificada. De acuerdo al Pequeño Larousse Ilustrado (2008), la escritura es un sistema de signos utilizados para escribir y comunicar algo. Es un sistema de representación gráfica de una lengua por medio de signos gravados o dibujados. Las letras son signos y los signos son imágenes. En consecuencia, la cultura escrita que Sartori equivocadamente contrapone a la imagen, se sustenta en signos visuales, es decir, en imágenes. Por su parte, las palabras son signos de orden convencional que al relacionarse entre si conforman el código del lenguaje.

En tercer lugar, Sartori también se equivoca al señalar que las imágenes no tienen la potencialidad de evocar pensamientos, ni posibilitan la capacidad de abstracción y raciocinio del ser humano. Al revés, las imágenes más que otra cosa, posibilitan la construcción no de uno, sino de una gran pluralidad de pensamientos e interpretaciones. Un ejemplo claro de esto es el arte abstracto (pintura, escultura y artes gráficas), mismo que es definido como un lenguaje visual dotado de su propia significación y sujeto a múltiples lecturas, mismo que está orientado a evocar diferentes interpretaciones por parte de quienes lo perciben (Gombrich, 2007).

Es decir, una imagen puede evocar y generar diferentes pensamientos en el ser humano, dependiendo del sujeto que la observe. Lo que más generan las imágenes son pensamientos e interpretaciones por parte del ser humano, ya que sin imágenes su capacidad de raciocinio se vería seriamente afectada. Es decir, las imágenes son generadoras y detonadoras por excelencia de múltiples pensamientos e

---

[59] De acuerdo a Aristóteles, el alma nunca piensa sin una imagen mental.

interpretaciones diversas por parte del hombre. Un ejemplo de esto, es el caso de Monet, el pintor francés de arte abstracto, cuya principal virtud de su arte es generar abstracciones por parte del público que observa e interpreta sus obras.

En cuarto lugar, la historia de la imagen no se reduce a la historia de la televisión y ni siquiera a las nuevas tecnologías de la información y las comunicaciones. La imagen ha estado presente a lo largo de la historia del hombre desde la época de las cavernas hasta la actualidad, desde las pinturas rupestres, pasando por las representaciones mítico religiosas hasta la imagen digital. En otras palabras, la imagen ha acompañado al hombre desde que este es hombre y forma parte de su naturaleza perceptiva, por lo que no se puede disociar la naturaleza humana de la imagen, ya que esta es la percepción,[60] representación, modelización e idealización de la realidad que hace el hombre en un tiempo y espacio determinado.[61] El hombre percibe su realidad a través de sus sentidos, pero es un ser eminentemente visual, ya que la vista incide en el 85 por ciento de las decisiones que toma (Gordoa, 2003). Es decir, la imagen está directamente asociada a su naturaleza perceptiva y ésta ha jugado un papel muy importante en la historia de la humanidad. Antes del invento de la televisión, la imagen social se representaba en los grabados, las pinturas, la fotografía, la fotocopia, las imágenes impresas y el cine.

En quinto lugar, no toda la televisión ni todas las nuevas tecnologías de la información y las telecomunicaciones están orientadas a la manipulación de los ciudadanos, ni se puede negar categóricamente la capacidad formativa de los medios audiovisuales. Efectivamente, mucha de la programación televisiva está orientada a entretener a la gente y manipular a la opinión pública y, en muchos de los casos, a "idiotizar a la población." Sin embargo, no se puede negar también la existencia de espacios y programas culturales y educativos utilizando los nuevos medios audiovisuales (Duart, y Sangrá, 2007). La Internet, por ejemplo, ha permitido democratizar la información poniéndola a disposición de millones de usuarios a costos extensibles, posibilitando incluso la existencia de muchos canales culturales y educativos de televisión vía internet (Rodriguez 1999). Es decir, al generalizar sobre

---

[60] En psicología, la palabra *imagen* significa reproducción mental, recuerdo de una vivencia pasada, sensorial o perceptiva, pero no forzosamente visual.

[61] Es la percepción que los individuos tienen de la realidad, de los hechos, fenómenos y procesos que se generan en su entorno. Es la representación mental de esa realidad en su complejidad y diversidad. Es la modelización que hace el sujeto de esa realidad basada en su cultura, su idiosincrasia, las mediaciones sociales y su experiencia. Es la idealización de la realidad abierta a múltiples y, muchas veces, encontradas visualizaciones.

el uso de la televisión como medio de enajenación, Sartori deja de lado la amplia gama de espacios y programas educativos, culturales y formativos sustentados en las nuevas tecnologías digitales existentes hoy día.

Ciertamente, la actual televisión puede empobrecer drásticamente la información y la formación de ciudadanos, principalmente la impulsada por los grandes monopolios televisivos. Sin embargo, no se puede generalizar que toda la televisión sea enajenante y anticultural.

Además, Sartori culpa al instrumento (televisión) sobre el uso que el hombre predominantemente le ha dado, exculpando, de cierta manera, la responsabilidad humana. Sin embargo, la televisión (y menos la imagen) no son los responsables de su uso o de su abuso, ya que este medio es como una idea, que en sí no es buena ni mala, depende del uso que se le dé y en manos de quien esté. Muy posiblemente, en manos de un ser malo, será mala; pero en manos de un ser bueno, puede ser buena. En todo caso, el responsable de su abuso es el hombre, pero no necesariamente el instrumento. Es decir, no es la televisión mala por si misma, sino los intereses políticos, económicos y religiosos de quien está detrás del negocio televisivo.

En sexto lugar, la obra de Sartori más bien es un tratado de nostalgia por el pasado y una falta de entendimiento, valoración y diálogo con las nuevas generaciones. Sartori se formó en la cultura de la escritura y la lectura, propia del pasado, y no entiende las nuevas formas de comunicarse y educarse por las nuevas generaciones a través del uso de las nuevas tecnologías de la información y las comunicaciones, propias del presente. Por eso contrapone el *Homo sapiens* (forjado según él por la cultura escrita y de la palabra) al *Homo videns* (esclavo de la imagen), excluyendo de su visión toda posibilidad de complementariedad entre la escritura, la palabra y la imagen.

Para este politólogo florentino, la escritura y la lectura fueron los forjadores del raciocinio del hombre, mientras que la imagen ha deteriorado la capacidad de entender, desconociendo que sin la capacidad humana de ver la lectura y la escritura sería prácticamente imposible o, al menos, muy difícil, como pasa con los ciegos.

En séptimo lugar, Sartori también se equivoca cuando señala que el acto de tele ver está cambiando la naturaleza del hombre, ya que el predominio del ver produce un efecto sobre la sociedad, le atrofia la capacidad de entender. Por ejemplo, es un hecho que las actuales generaciones de creadores y científicos del mundo en los diferentes campos de desarrollo nacieron en la era de la televisión, por lo que no se puede argumentar seriamente que se les ha atrofiado su capacidad de entendimiento y razonamiento. Si las tesis de Sartori fueran ciertas, el mundo estaría ya paralizado, no habría nuevos desarrollos científicos y tecnológicos y la "sociedad de los idiotas" estuviera predominando, ya que la televisión se inventó a finales de la década de los veinte del siglo pasado, logrando su predominio a partir de los años sesentas y setentas. Es decir, todas las actuales generaciones de seres humanos nacieron ya en la era de la televisión y, de cierta manera, han sucumbido a sus influencias.

Además, las nuevas generaciones de jóvenes se comunican más que las antiguas generaciones usando ahora la internet y las nuevas tecnologías de las telecomunicaciones. Leen y escriben también más, a veces a diario y de forma impulsiva, usando dichas tecnologías, aunque ya no lean tanto libros y tratados como se hacía antes.

En octavo lugar, el hombre por naturaleza es un "animal simbólico (Cassirer, 1977), por lo que la imagen siempre ha sido un factor real de cohesión y poder, estando presente en la política desde la antigüedad. Es decir, no se puede disociar la naturaleza del hombre de su carácter simbólico, ya que el lenguaje, el mito, el arte, la religión y, en gran medida, la política constituye partes de la red simbólica del hombre. Los símbolos patrios, por ejemplo, que dan identidad y cohesionan a una determinada sociedad, como la bandera, el escudo y el himno nacional, forman parte ya no sólo de la historia de las naciones-Estado, sino también del propio ser humano. En este sentido, Sartori, al criticar a la imagen, crítica también la naturaleza (simbólica) misma del ser humano, a la cual pretende rescatar o salvaguardar en su manuscrito.

En noveno lugar, Sartori desconoce que la imagen es un signo, icono y símbolo y que los símbolos son la representación del concepto que configura el receptor por medio del mensaje percibido.[62] En este sentido, los símbolos expresan algo conceptual, lo que contradice el argumento central de Sartori quien señala que la imagen deteriora la capacidad de abstracciones y entendimiento de conceptos por parte del ser humano. De acuerdo a Vázquez Medel (2002), la simbolicidad constituye el núcleo mismo de lo humano, tanto en la esfera de lo individual como en la de lo colectivo o social.

En décimo lugar, Sartori al contraponer la imagen a la palabra desconoce que el ser humano utiliza comúnmente imágenes en sus

---

[62] Fernando Antonio Gonzalez Lozano, Estructura simbólica y percepción de la realidad, en http://www.arqhys.com/articulos/simbolica-percepcion.html, fecha de consulta 25 de noviembre del 2010.

palabras, ya que, de cierta manera, las palabras también son imágenes. Un claro ejemplo de esto, es el lenguaje metafórico. Ahora bien, las palabras que describen y evocan imágenes, aquellas sustentadas en figuras retóricas, son las más persuasivas, las que logran trascender y comunicar mejor un mensaje. Por su parte, el lenguaje y la expresión corporal, respaldados en la forma más que el contenido, refuerzan y dan vigor a las palabras.

Sin imágenes, la palabra no existiera o sería muy difícil su articulación. De hecho, la escritura y la lectura son un ejercicio de codificación y decodificación respectivamente de una imagen gráfica. Por su parte, la palabra es una traducción e interpretación directa o metafórica de la imagen, un signo e icono interpretado y verbalizado.

4. A Manera de Conclusión

El trabajo de Sartori, se inscribe dentro de la tradición iconoclasta y las tendencias intelectuales centradas en lo que se ha llamado la "crisis de la razón." Sin embargo, su interpretación reduccionista es una visión muy corta, distorsionada y poca informada de lo que es la imagen y lo que ésta ha representado en la historia del hombre y la naturaleza humana.

Por fortuna, no hay una crisis de la razón, sino que se está imponiendo una nueva razón en la que la imagen está ocupando un papel más protagónico en la vida del hombre. En este sentido, estamos transitando hacia otra cultura, hacia otro horizonte civilizador sustentado en las nuevas tecnologías de la información y las comunicaciones. La postura de Sartori habla del final de una visión de la historia, una visión del pasado, pero no del fin de la propia historia.

Esta nueva realidad y el avance tecnológico no están ocasionando que el video ver desactive nuestra capacidad de abstracción, y con ella, nuestra capacidad de comprender los problemas y afrontarlos racionalmente. No. El video ver está generando también otras capacidades de abstracción y de construcción intelectual diferentes.

Más que un empobrecimiento cognitivo, la imagen está generando una pluralidad y enriquecimiento de perspectivas, estimulando el pensamiento y la creatividad del ser humano. Es decir, contrariamente a las tesis de Sartori, más que contraponerse al pensamiento y a la razón, la imagen la estimula y complementa. En consecuencia, la imagen no es sinónimo de irracional, ni mucho menos de estupidez.

Tampoco desincentiva la lectura, ni la escritura. El libro electrónico, las redes sociales sustentadas en la internet, el messenger, las televisoras culturales del Estado y las universidad, así como los nuevos videos educativos en tercera dimensión son ejemplos de que la lectura y la escritura asociada a la imagen siguen presentes como parte de la nueva realidad.

Por otro lado, la imagen no se reduce sólo a la televisión, ni tampoco al hecho de ver. La imagen existe más allá incluso de la vista y la competencia visual del ser humano. Ha existido antes y, seguramente, existirá después de la televisión. Las imágenes son más expresivas que las palabras y hablan por si mismas, como lo apunta el adagio: Una imagen comunica más que mil palabras. A lo largo de la historia, la imagen ha estado asociada a la autoridad, genera credibilidad, identidad, aceptación, trato y veneración. Emociona, persuade y sintetiza. Esto ha sido cierto no sólo en el ámbito religioso y político, sino en las diferentes esferas del desarrollo del hombre.

La imagen en proverbios, frases y dichos populares

Este último capitulo está dedicado a enlistar los proverbios, citas y frases celebres en torno a la imagen, la personalidad, la apariencia, el carisma y la comunicación, entre otros. Los proverbios como las frase y refranes son considerados como el epitome de la sabiduría humana, sintetizado en unas pocas palabras. Por medio de estas frases, la humanidad logra resumir sus experiencias, vivencias y aprendizajes en dichos cortos y sentenciosos, que se irán transmitiendo de generación en generación, trascendiendo a veces fronteras entre pueblos y barreras lingüísticas.

En la mayoría de los casos se incluye el autor de las frases y citas celebres y en algunos otros, sólo se señala el contenido del proverbio o adagio popular. La idea es que a través de su lectura y reflexión se puede lograr un aprendizaje y entendimiento sobre el tema de la imagen.

Imagen

Una imagen vale más que mil palabras.
Adagio popular

Ver para creer
San Agustín

Como te ven, te tratan
Adagio popular

De la vista nace el amor
Adagio popular

Dime con quién te juntas y te diré quién eres
Adagio popular

Los estereotipos son verdades cansadas
George Steiner

Que hablen de uno es espantoso. Pero hay algo peor: que no hablen.
Oscar Wilde

La imagen es algo que debemos cuidar porque es lo primero que se ve de nosotros.

Letizia Ortiz

De tal palo tal astilla.
Adagio popular

Hay imágenes que me dejan literalmente "sin palabras"
Anónimo

Vale más un testigo de vista que diez de oídas.
Adagio popular

En la competencia entre el ojo y los demás sentidos, siempre gana el ojo.
Adagio popular

Es preferible ver una vez que oír cien veces.
M. Gorbachov

A veces, cuesta mucho más eliminar un solo defecto que adquirir cien virtudes.
Jean de la Bruyére

Empieza cada día con una sonrisa y mantenla todo el día.
W. C. Fields

Generalmente los hombre juzgan por lo que ven y más bien se dejan llevar por lo que les entra por los ojos que por los otros sentidos... y pudiendo ver todos, pocos comprenden lo que ven."
Maquiavelo

El comportamiento es un espejo en el que cada uno muestra su imagen.
Johann W. Goethe

En el país de los ciegos el tuerto es rey.
Adagio popular

La belleza está en el ojo del que mira.
Adagio popular

El comportamiento es un espejo en el que cada uno muestra su imagen.
Johann Wolfgang Von Goethe

El hombre, en su orgullo, creó a dios a su imagen y semejanza.
Friedrich Nietzsche

El presente como punto de contacto entre la cosa y su imagen
Juan Benet

El problema es que la televisión amalgame y convierta en papilla informe la realidad, la ficción, lo fundamental, lo secundario, el divertimento y la reflexión.
Pierre Auguste Renoir

El tiempo es una imagen móvil de la eternidad.
Platón

"Lo que el genio tiene de bello es que se parece a todo el mundo y nadie se le parece."
Honoré de Balzac

La carrera de un creador es la imagen de alguien que está en el agua y se esfuerza por salir mientras algunos le empujan hacia abajo.
Javier Marías

Es una reflexión penosa para un hombre considerar lo que ha hecho, comparado con lo que debió hacer.
Samuel Johnson

Estamos en el siglo de la imagen. Para bien o para mal, sufriremos más que nunca la acción de la imagen
Gaston Bachelard

La experiencia no consiste en el número de cosas que se han visto, sino en el número de cosas que se han reflexionado.
José María De Pereda

La naturaleza tiene perfecciones para demostrar que es imagen de Dios e imperfecciones para probar que sólo es una imagen.
Blaise Pascal

Un amigo es una imagen que tienes de ti mismo.
Robert Louis Stevenson

Estilo es plagiarse a uno mismo.
Alfred Hitchcock

Cinco dedos son hermanos, no iguales.
Proverbio Afgano

Lo que te critiquen, hazlo. Porque eso eres tú.
André Gide

Todos caminaron. Pero pocos dejaron huellas. . .
José Narosky

Es mejor ser odiado por lo que eres, que ser amado por lo que no eres.
André Gide

Somos temerosos de lo que nos hace diferentes.
Anne Rice

Si dices lo que piensas y no lo que otra persona piensa por ti estás en el camino de convertirte en un hombre importante.
James Matthew Barrie

Ser original es en cierto modo estar poniendo de manifiesto la mediocridad de los demás.
Ernesto Sábato

Si tenéis algún defecto, procurad corregirlo.
Confucio

Cuando odiamos a alguien, odiamos en su imagen algo que está dentro de nosotros.
Hermann Hesse

No hay espejo que mejor refleje la imagen del hombre que sus palabras.
Juan Luis Vives

Así obras, así eres; así obraste, así fuiste; así piensas obrar, así podrás ser.
Proverbio chino

Ninguna cosa me da más horror que el espejo en que me miro; cuando más fielmente me representa, más fieramente me espanta
Francisco Quevedo

No pienses con palabras, es mejor que procures ver la imagen.
Jean-Louis Jack Kerouac

Todo lo transitorio es sólo una imagen.
Johann Wolfgang Von Goethe

La memoria opera como la placa de una cámara oscura, que concentra todo y da una imagen mucho más bella que el original.
Arthur Schopenhauer

Las imágenes no son conceptos. No se aíslan en su significación. Precisamente tienden a sobrepasar su significación
Gaston Bachelard

Personalidad

Quien no tiene personalidad, no tiene nada.
Refrán

En la mesa y en el juego, se conoce al caballero.
Refrán

No me juzgues por como me ves, mejor quiéreme por como soy.
Refrán

La sociedad es en todos los sitios una conspiración contra la personalidad de cada uno de sus miembros.
Ralph Waldo Emerson

La personalidad del hombre determina por anticipado la medida de su posible fortuna.
Arthur Schopenhauer

La personalidad no es mas que el reflejo de un conjunto de emociones internas puestas en un solo nombre.
Anónimo

La personalidad es la característica principal y distintiva hacia con los demás.
Anónimo

Veo tu personalidad y te conozco mejor.
Anónimo

Quién no muestra un toque de personalidad distintivo de otro no es más que una copia opaca.
Anónimo

Personalidad no es mas que la basta escénica del ser.
Anónimo

Un pedante es un estúpido adulterado por el estudio.
Miguel de Unamuno

Apariencia

La mujer del Cesar no sólo debe ser honesta, sino también parecerlo.
Julio César

El primer paso para ser es perecer.
Dominguín

Nada impide tanto el ser natural como el afán de parecerlo

Francois de la Rochefoucauld

Gobernar es parecer
Anónimo

Eres lo que pareces.
Anónimo

En política, la forma es fondo
Jesús Reyes Heroles

Las apariencias engañan
Anónimo

Un hombre de virtuosas palabras no es siempre un hombre virtuoso.
Confucio

Todas las cosas son imposibles, mientras lo parecen.
Anónimo

Fingimos lo que somos; seamos lo que fingimos.
Anónimo

Todas las personas nacen como original, la mayoría mueren como copia.
Concepción Arenal

Del dicho al hecho hay mucho trecho.
Refrán Popular

La apariencia no es todo lo que se ve en uno, si no es lo que uno es.
Anónimo

Las apariencias no engañan, colocan a cada cual en su lugar.
Refrán

El que quiere ser grande, debe aparentar ser pequeño.
Refrán

La buena apariencia es sinónimo de decencia.
Refrán

La apariencia es la antítesis del ser.
Refrán

La apariencia no lo es todo... Es lo único.
Refrán

La apariencia es lo primero que se ve... Si no la cuidas será un problema.
Refrán

Apariencia es el eterno conflicto del ser humano, el ser y el parecer. *Anónimo*

La falsedad es una apariencia y las apariencias engañan. Hay que entrar por la ventana de los ojos para no ser engañados.
Anónimo

La apariencia no lo es todo, pero refleja mucho de tu personalidad.
Anónimo

La apariencia cambia y por esa razón existe la hipocresía.
Refrán

La apariencia es el escudo de los débiles.
Anónimo

Algunos pueden decir que la apariencia no importa, pero la sociedad demuestra lo contrario constantemente.
Anónimo

Todos ven lo que aparentas; pocos advierten lo que eres
Nicolas Maquiavelo

Ningún hombre - y ninguna mujer- se ve en un espejo tal como es.
Colleen McCullough

Es sin duda un mal, estar lleno de defectos; pero es todavía un mal mayor estar lleno de ellos y no quererlo reconocer, porque es añadir todavía el de una ilusión voluntaria.
Blas Pascal

Una onza de imagen vale por una libra de realidad.
Lawrence J. Peter

El que tiene que interesar a los demás tiene que provocarlos.
Anónimo

Carácter

El buen carácter favorece en el más alto grado que una cosa sea creída.
Aristóteles

Nuestro carácter es el resultado de nuestra conducta.
Aristóteles

Puede adquirirse todo en la sociedad, menos el
carácter.
Stendhal

La dificultad atrae al hombre de carácter, porque es en la adversidad que el
verdadero hombre se conoce a sí mismo.
Charles de Gaulle

El carácter es el alma de la personalidad.
Anónimo

El carácter es el que nos hace ser diferentes a las demás personas.
Anónimo

Saber gobernar es saber elegir.
Filippo Pananti

Por tu corazón, tu mente, tu intelecto y tu alma incluso en tus más pequeños
actos. En esto reside el secreto del éxito.
Swami Silvananda

Es más facial variar el curso de un río que el carácter de un hombre.
Proverbio chino

Si no sabes donde vas, acabarás en otra parte.
Laurence J. Peter

Lo importante es que la pasión se convierta en carácter.
Anónimo

Tu carácter siempre será mostrado a través de todas tus acciones.
Anónimo

Hablar del carácter de los demás es hablar del mismo propio.
Refrán

El carácter es lo que define al ser humano.
Anónimo

El carácter te lo forja la sociedad.
Anónimo

Tener carácter implica reconocer que en nuestras decisiones y acciones
forzosamente conlleva a afrontar los resultados de las mismas.
Anónimo

Quien no tiene carácter no es una persona, sino un objeto.
Anónimo

El humor y la fuerza del carácter es la debilidad de los sentimientos.
Anónimo

El carácter es fiel amigo de la conciencia.
Anónimo

Carácter no es más que el reflejo de imagen y personalidad.
Refrán

Algunos confunden no tener tabúes con no tener principios.
Enrique Rojas

Inteligencia

Las personas inteligentes quieren aprender, los demás enseñar...
Anónimo

El hombre inteligente quiere lo que sabe, el sabio sabe lo que quiere.
Anónimo

Si eres inteligente sólo te queda una cosa que hacer: demostrarlo.
Refrán

Una cualidad de la inteligencia es dudar de sí misma.
Anónimo

Todas las inteligencias son invisibles para el que no tiene inteligencia.
Refrán

Uno es inteligente dependiendo de la compañía con la que esté rodeado.
Refrán

Mientras más inteligente me siento, más me doy cuenta de lo ignorante que soy...
Anónimo

Comete todos los errores que no puedas evitar, uno de cada uno, y serás perfecto.
Anónimo

La cultura la dan los libros, con la inteligencia nacemos.
Refrán

El hombre inteligente no es el que tiene muchas ideas sino el que sabe sacar provecho de las pocas que tiene.
Anónimo

Ser inteligente no significa saber mucho, ser inteligente significa equivocarse poco.
Anónimo

Inteligencia no es poder cambiar una situación; Inteligencia es aceptar una realidad.
Anónimo

El que dice lo que piensa, poco piensa lo que dice...
Refrán

El que no sabe y sabe que no sabe, es un ignorante... ¡enseñémosle!. El que no sabe y se cree que sabe, es un necio... ¡ignorémosle!. El que sabe y sabe que sabe, es un sabio... ¡sigámosle!.
Anónimo

Un hombre inteligente es aquel que sólo se cree la mitad de lo que escucha, uno brillante es aquel que sabe cuál mitad debe elegir...
Anónimo

La tontería se coloca en primera fila para ser vista, la inteligencia detrás para ver.
Anónimo

No hay que confundir nunca el conocimiento con la sabiduría. El primero nos sirve para ganarnos la vida; la sabiduría nos ayuda a vivir.
Sorcha Carey

Lo que sabemos es una gota de agua; lo que ignoramos es el océano.
Isaac Newton

Liderazgo

Cuando los que mandan pierden la vergüenza, los que obedecen, pierden el respeto.
George Cristoph Lichtenberg

El espíritu de grupo es lo que da a muchas empresas una ventaja sobre sus competidores.
George L. Clements

Un líder sabe qué se debe hacer. Un administrador sólo sabe cómo hacerlo.

Ken Adelman

Se ha alcanzado la excelencia como líder cuando la gente lo sigue a uno a todas partes, aunque sólo sea por curiosidad.
  Colin Powell

No se trata de ser el primero, sino de llegar con todo y a tiempo.
León Felipe

Haz que los adversarios vean como extraordinario lo que es ordinario para tí; haz que vean como ordinario lo que es extraordinario para tí.
Sun Tzu

Talento

El escritor original no es aquél que no imita a nadie, sino aquél a quien nadie puede imitar."
Chateaubriand

Todos creen que tener talento es cuestión de suerte; nadie piensa que la suerte puede ser cuestión de talento.
Jacinto Benavente

La habilidad es la riqueza del pobre.
  ChristopherWren

Es más fácil juzgar el talento de un hombre por sus preguntas que por sus respuestas.
Duque de Levis

Es una enorme desgracia no tener talento para hablar bien, ni la sabiduría necesaria para cerrar la boca.
La Bruyere

El talento se educa en la calma y el carácter en la tempestad.
Johann W. Goethe

El talento es de los que mas venden en combinación con tu imagen, aprécialo.
Anónimo

Comunicación

El arte de agradar es el arte de engañar.
Luc de Clapiers Marqués de Vauvenargues

El hombre es dueño de las palabras que calla y esclavo de las que dice.
Proverbio indio

Cuando empleo toda mi voz, es una voz que consiguió trabajo...
Anónimo

Cuando alguien habla demasiado, sus palabras suenan sin oírse.
Konrad Adenauer

El tiempo que necesito para preparar un discurso de 10 minutos es de dos semanas. El que necesito para uno de una hora es de una semana. Y si quieren ue dure dos horas ¡estoy listo ahora mismo!
Woodrow Wilson

No hay sendero que lleve a una persona a hacer carrera más rápidamente y a crearse una buena reputación que la destreza del buen orador.
Philip D. Armour

Para hacerse comprender, lo primero que hay que hacer con la gente es hablarle a los ojos.
Napoleón

Siempre hay tiempo para retirar las palabras, pero no para retirarlas.
Baltasar Gracián

Antes de hablar, piensa lo que vas a decir; la lengua, en muchos, procede a la reflexión.

Isócrates

Saber lo que los demás quieren es importante; saber lo que uno quiere es fundamental.
Gonzi

Generalmente, las palabras cortas son las mejores, y las palabras antiguas las mejores de todas.
Winston Churchill

Todos los hombres se parecen por sus palabras; solamente las obras evidencian que no son iguales.
Jean Baptiste Poquelin Moliere

Cuando hables, procura que tus palabras sean mejor que el silencio.
Proverbio indio

La palabra es mitad de quien lo pronuncia y mitad de quien lo escucha.
Montaigne

Manejar el silencio es más fácil que manjar la palabra.
Georges B. Clemenceau

La música… puede dar nombre a lo innombrable y comunicar lo desconocido.
Leonard Bernstein

Antes, la música decía escúchame. Ahora dice, mírame.
Billy Joel

Soy difícil de oír, pero no para los que me quieran escuchar.
Tiberio C. Nerón

El habla es el espejo de la mente.
Séneca

La risa es la distancia más corta entre dos personas.
Víctor Borge

Somos esclavos de lo que decimos y dueños de lo que callamos.
Anónimo

Bibliografía

ACHACHE, G., "El marketing político", en J. Marc Ferry, D. Wolton et al. (eds.), *El nuevo espacio público,* pp. 112-123, Gedisa, Barcelona, 1998.

ALONSO, Jorge, Democracia Incipiente, Guadalajara: ITESO, 2000.

AUMONT, Jacques, *La Imagen,* Barcelona: Paidós, 1992.

BAENA Paz, Guillermina y Montero Olivares, Sergio, "El marketing político como instrumento metodológico de la comunicación política: La experiencia mexicana hasta las elecciones del 2000," ponencia presentada en el VI CONGRESO DE LA ASOCIACIÓN LATINOAMERICANA DE LA COMUNICACIÓN, POLÍTICA Y MEDIOS, 2002.

BARRANCO, Francisco Javier, Técnica de marketing político, Rei, México, 1997.

BOBBIO, Norberto, *El futuro de la democracia*, México: Fondo de Cultura Económica, 1992.

BORJA, Rodrigo, *Enciclopedia de la Político*, México: Fondo de Cultura Económica, 1998.

BRYAN Key, Wilson, *Seducción Subliminar*, México: Editorial Diana, 1999.

CANSINO, César, *La Transición Mexicana 1977-2000*, editorial, CEPC: México, 2001.

CAPALDI, Nicholas, *Como Ganar una Discusión: El Arte de la Argumentación*, Barcelona: Editorial Gedisa, 2003.

CAPRIOTI, Paul, *La Imagen de Empresa*. Estrategia para una Comunicación Integrada. Barcelona: El Ateneo, 1992.

CASTELLS, Manuel, *La era de la información. Economía, sociedad, cultura*, Alianza, Madrid, 1997.

CORTES, Terzi, Antonio. *Una política contra la antipolítica*: *Desafíos para la concertación*, en www.asuntospublicos.org , informe No. 228, política nacional, 21 de junio del 2004.

COTTA, M.: "Parlamento y representación" en G. PASQUINO (comp.): Manual de Ciencia Política. Alianza, Madrid, 1988.

CHÁVEZ, Norberto, *La Imagen Corporativa. Teoría y Metodología de la Identificación Institucional*. Barcelona: G.Gilli, 1999.

DAHL, Robert A., A *Preface of democratic theory, Chicago*: University of Chicago Prees, 1956.

DEBRAY, Règis, *Vida y Muerte de la Imagen,* Barcelona: Ed. Páidos, 1994.

DIAMOND, Larry, Juan J. Linz y Seymoiur Martín Lipset, *Democracy in developing countries: Latin America.* Boulder: Lynne Rienner Publisher. 1989.

DILTS, Robert, *El Poder de la Palabra*, Argentina: Editorial Urano, 2003.

DUVERGER, M.: "Influencias de los sistemas electorales en la vida política". A.

FERNÁNDEZ Collado Carlos, Hernández Sampieri Roberto, *Marketing Electoral, e Imagen de Gobierno en Funciones,* México: Mc Graw-Hill /Interamericana Editores, S.A. de C. V., 2000.

FERNÁNDEZ Escalante, Fernando, *Ciencias de la Comunicación y Relaciones Públicas.* Buenos Aires: Macchi, 1974.

FULCHIGNONI, Enrico, *La Imagen en la Era Cósmica*, México: Editorial Trillas, 1999.

GIBSON James J. *The Ecological Approach to Visual Perception,* Boston: Houhgton-Mifflin, 1979.

GIULIANI, Rudolph. *Liderazgo,* Barcelona: Ed, Plaza & Jones, 2002.

GOMEZ Fernández, Pedro, "El Marketing Político: Más allá de la publicidad y las encuestas," en Alejandro Muñoz y Juan Ignacio Rospir, *Comunicación Política,* Madrid: Editorial Universitas, 1995.

GORDOA, Víctor, *El Poder de la Imagen*, México: Editorial Edamex, 1999.

GORDOA, Víctor, Imagología, México. Ed. Grijalbo, 2003.

GREENE, R. ELFFERS, J. *Las 48 Leyes del Poder*, España; Editorial Atlántida, 1999.

HAIME, Hugo, *La Imagen del Poder*, Argentina, Editorial Corregidor, 1997.

HELD, D.: MODELOS DE DEMOCRACIA. Alianza Ensayo, Madrid, 2001.

HOMS, Ricardo, Estrategias de Marketing Político, Técnicas y Secretos de los Grandes Líderes, México: Editorial Planeta Mexicana, S.A. de C. V., 2000.

HURTADO, Javier. El sistema Presidencial Mexicano, Evolución y Perspectivas, Fondo de Cultura Económico, 2001.

JUÁREZ, Julio, *"Hacia un estudio del marketing político: limitaciones teóricas y metodológicas," en revista Espiral, Estudios Sobre Estado y Socieda*d, Editorial Universidad de Guadalajara, México 2003, Núm. de volumen 27.

KOTLER, P. y N. Kotler, "Political Marketing: Generating Effective Candidates, Campaigns and Causes, en Newman, B., *Handbook of Political Marketing*, Londres, Sage, 1999.

KRAUSE, Enrique. La Presidencia Imperial: Ascenso y caída del sistema político mexicano (1940-1996), Barcelona, Tusquets, 2000.

KUNTZ, Ronald, *Marketing Político: Manual de Campanha Eleitoral*, Braisl: Editora Global, 2002.

Latinobarómetro (2004), en www.latinobarometro.org, 15 de junio del 2004.

LIPSET, Seymour martin, *"Some social requisites of democracy: Economic development and political legitimacy",* en American political Science Review, núm. 53, marzo de 1959.

LOCK A. y P. Harris, "Political Marketing-Vive la Différence!" en *European Journal of Marketing*, Vol. 30, 1996, pp.21-31.

MAAREK, J. Philippe, *Political marketing and communication*, Londres: John Libbey, 1994.

MANIN, B.: Los principios del Gobierno Representativo, Alianza Editorial, Madrid, 1998.

MAQUEO, Martín A. Comunicación Creativa, documento manuscrito, 2005.

MARTÍN Salgado, Lourdes, *Marketing Político: Arte y Ciencia de la Persuasión en Democracia*, Barcelona: Piados, 2002.

MARTÍNEZ Pandiani, Gustavo, *Marketing Político, Campañas, Medios y Estrategias Electorales,* Argentina, Buenos Aires: Ugerman Editor, 2001.

MARTINEZ, Silva, Mario, *Manual de Campaña*, México: Centro de Estudios Políticos, 2002.

MENA, Miguel D. *La Antipolítica en America latina, algunas propuestas de lectura,*

MENDÉ, María Belén, Campañas Electorales: La Modernización en América Latina, Casos de Argentina y México: Editorial Trillas, 2003.

MILL, J. S.: Del Gobierno Representativo. Tecnos, Madrid, 1985.

MOLES, Abraham, *La imagen: Comunicación Funcional,* México: Trillas, 1999.

MOLES, Abraham A. *La Imagen: Comunicación Funcional*, España: Editorial Trillas, 1999.

MUNICIO, Pedro, *El Nuevo Concepto de Calidad,* España: Universidad Complutense de Madrid, 2004.

NAPOLITAN, J. y DURAN, J. *Cien Peldaños al Poder*, Ecuador, Editorial SENTE, 2003.

NEWMAN, B. Handbook of Political Marketing, Londres, Sage, 1999.

O´DONNELL, Guillermo, *Modernization and bureaucratic-authoritarianism: Studies in South American politics,* Berkeley: University of California press, 1979.

O´SHAUGHNESSY, N., The Phenomenon of Political Marketing, Londres, Macmillan, 1990.

PIAJET. J. (1975). *Problemas de Psicología Genética*, Edit. Ariel, Barcelona.

REYES Arce y Munch Lourdes, *Comunicación y Mercadotecnia Política*, México: Editorial Noriega, 1998.

ROJAS Orduña, Octavio Isaac en www.periodismodigital.com 16 de junio del 2004.

SÁNCHEZ Susarrey, Jaime, *La transición incierta*, México: editorial Vuelta, 1991.

SANTILLAN, Fernández José, *Política y anti-política*, periódico El Universal on line, 18 de mayo del 2005.

SARTORI, Giovanni, *Ingeniería Constitucional Comparada: Una investigación de Estructuras, Incentivos y Resultados,* México: Editorial Fondo de Cultura Económica, 1996.

SARTORI, Giovanni, *El Homo Videns, la Sociedad Teledirigida,* México: Ed. Planeta, 1996.

SCHMITT, Carl. *El concepto de lo político*, Alianza Editorial, Madrid, 1999.

SCHMITTER, Philippe y Terry Lynn Kart, "What democracy is... and is not", en *The global resurgence of democracy,* Baltimore: The johns Hopkins University Press, 1993.

TARNAWSKI Geslowska, Eduard, *De la Geopolítica a la Antipolítica*, España; Universidad de Granada, 1977.

VALDEZ Zepeda, Andrés, *Marketing Político: El estado actual de la disciplina en México*, Guadalajara: Editorial Arrayán, 2000.

VALDEZ Zepeda, Andrés, *Mercadotecnia Gubernamental,* México: Universidad de Guadalajara, 2004.

VALDEZ Zepeda, Andrés, *Salarios y Compensaciones de los Gobernantes*, México, Editorial Universidad de Guadalajara, 2004.

VALDEZ Zepeda, Andrés, *Teoría y práctica del Marketing Político,* Editorial Universidad de Guadalajara ALACOP México, 2002.

VARGAS, Gaby, *La Imagen del éxito*, México: Editorial Mc Graw Hill, 1998.

VILLAFAÑE, Justo y Mingués Norberto, *Principios de Teoría General de la Imagen,* Madrid: Editorial Pirámide, 2000.

VYGOTSKI L. (1978). *El Desarrollo de los Procesos Psicológicos Superiores*, Crítica, Barcelona.

Bibliografía

CASSIRER, Ernest (1977). Antropología Filosófica. México, Colección Popular, Fondo de Cultura Económica.

DUART, Josep María y Albert Sangrá (2007). Aprender en la Virtualidad. España: Editorial Universidad Oberta de Cataluña (UOC).

GOMBRICH, Ernest (2007). La Historia del Arte, España, Editorial Phaidon.

GORDOA, Víctor (2003). Imagología: México: Editorial Grijalbo Mondadori, S. A.

LAROUSSE, Diccionario (2008). México: editorial Limusa.

RODRIGUEZ, Martín E. y AHIJADO QUINTILLÁN, M. (1999), *La educación a distancia en tiempos de cambios: Nuevas generaciones, viejos conflictos*. Madrid: De la Torre.

SARTORI, Giovanni (1998). El Homo Videns: La Sociedad Teledirigida, Taurus, Madrid.

SEGURA Sevilla, Sergio (2002). Del "Hombre simbólico" al "Homo videns": ¿una mutación antropológica? Revista de Filosofía No. 11. Laguna España.

VAZQUEZ Medel, Manuel Ángel (2009). Palabra e Imagen: De la transformación de los signos a los signos de la transformación, *Universidad de Sevilla en* *http://huespedes.cica.es/aliens/gittcus/lisignoscambio.htm*

ANEXOS

Auditoria de Imagen Pública
Rueda de Prensa ante Medios de Comunicación

Variable	Participante 1	Participante 2	Participante 3
Saludo personal			
Agradecimiento			
Determinación de Objetivos			
Puntualidad			
Postura Corporal			
Sinceridad			
Seguridad en lo que se dice.			
Contacto visual			
Cuidado del cabello (peinado, barba, bigote, etc.)			
Cuidado bucal			
Vestimenta			
Aseo personal			
Dicción			
Voz (tono y ritmo)			
Gesticulación (ademanes)			
Sonrisa			
Calidad del mensaje			
Humor			
Manejo del tiempo			
Amenidad			
Actitud (respeto a los demás).			
Integración del auditorio			
Autenticidad			
Concreción			
Cap. De persuasión			
Emotividad			
Agradecimiento por las preguntas			
Calidad de las respuestas			
Manejo de emociones			
Evidencias documentadas			
Agradecimiento final			

Auditoria de Imagen
Presentación del candidato en mítines y
reuniones amplias con simpatizantes

Calificación de 0 a 10 donde 0 es muy malo y 10 excelente

Variable	Calificación	Observación
Candidato		
Puntualidad		
Saludo		
Postura corporal		
Integración del auditorio		
Contacto visual		
Voz (tono y ritmo)		
Dicción		
Vestimenta		
Sonrisa		
Humor		
Manejo del tiempo		
Amenidad		
Seguridad en lo que se dice		
Calidad del mensaje		
Autenticidad		
Concreción		
Emotividad		
Capacidad de persuasión		
Credibilidad		
Recinto		
Podium		
Sonido		
Acomodo de auditorio		
Asistencia		
Ambientación		
Oradores invitados		
Calidad del maestro de ceremonias		
Recepción de invitados		
Propaganda		
Escenarios (lona)		
Templete		
Invitados especiales		
Objetos utilitarios		
Identidad de la campaña		
Otras		

Acerca del autor

*Andrés Valdez Zepeda es investigador de la Universidad de Guadalajara, México. Autor de los libros Campañas Electorales Inteligentes (2004), El Arte de Ganar Elecciones (2006), Mercadotecnia Pública (2006), Estrategias para campañas electorales: estudio de casos exitosos (2008), La estrategia Obama (2009) y Campañas de contraste en sistemas democráticos (2010). Miembro del Sistema Nacional de Investigadores y del comité de selección Fulbright-García Robles de la Fundación México- Estados Unidos para el Intercambio Educativo y Cultural. azepeda@cucea.udg.mx